스콜라스틱 교육

학교를 변론하다

| 표지 이미지는 본 책의 원문판에 실린 사진을 활용하여 제작된 것으로, 벨기에의 겐트시에 소재한 공립초등학교(Primary School Oostakker)의 정문 사진을 이미지화한 것이다(사진 저작권 Jan Kempenaers). 벨기에의 건축가인 Wim Cuyvers가 리모델링한 이 학교는 'De Letterdoos(The Letterbox, 우편함)'이란 별칭을 가진 정문으로 유명하다. 학교(School)라는 글자를 새겨 넣은 정문의 캐노피는 학교의 안과 밖을 시각적으로 구별한다. 특히 학교 밖 거리에서 아이를 기다리는 학부모의 공간과 학교 안에서 아이들이 뛰어놀 수 있는 공터를 효과적으로 구획하고 있다(http://www.scholenbouwen.be/en/projects/de-letterdoos-primary-school-oostakker# 참조).

스콜라스틱 교육
학교를 변론하다

초판 1쇄 발행 2020년 7월 7일
초판 2쇄 발행 2022년 7월 28일

지은이 얀 마스켈라인, 마틴 시몬스
옮긴이 윤선인
감수 이윤미

펴낸이 김승희
펴낸곳 도서출판 살림터

기획 정광일
편집 조현주
북디자인 꼬리별

인쇄·제본 (주)신화프린팅
종이 월드페이퍼(주)

주소 서울시 양천구 목동동로 293, 2215-1호
전화 02-3141-6553
팩스 02-3141-6555
출판등록 2008년 3월 18일 제313-1990-12호
이메일 gwang80@hanmail.net
블로그 http://blog.naver.com/dkffk1020

ISBN 979-11-5930-149-0 93370

이 도서의 국립중앙도서관 출판예정도서목록(CIP)은
서지정보유통지원시스템 홈페이지(http://seoji.nl.go.kr)와
국가자료공동목록시스템(http://www.nl.go.kr/kolisnet)에서 이용하실 수 있습니다.
(CIP제어번호: CIP2020027136)

스콜라스틱 교육

학교를 변론하다

얀 마스켈라인 • 마틴 시몬스 지음
윤선인 옮김 | 이윤미 감수

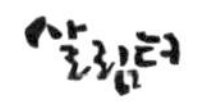

한국 독자에 보내는 서문

세계… 그리고 가족을 변론하다?

이 책을 처음 출판했던 2012년 당시, 우리는 많은 이들에게 당연한 것으로 여겨지는 것 혹은 근대의 유산이라고 비판받는 것을 어떻게 변론할 수 있을까 하는 큰 도전에 직면했습니다. 이 작업은 마치 변론할 수 없거나 해서는 안 되는 것을 변론하는 것 같았습니다. 학교를 당연한 것으로 여기는 이들은 굳이 변론이 필요하냐고 할 것이고, 학교를 과거의 유물이라고 여기는 이들에게 변론은 그저 보수적인 과민반응으로 읽힐 테니까요. 이렇게 어렵고 불가능해 보이는 일임에도 불구하고, 우리는 학교교육을 반드시 변론해야 한다고 생각했습니다. 학교교육을 통해 새로운 세대가 새로운 세대로서 자신을 경험할 수 있도록 허용하는 위험을 감수하는 사회와 그런 위험을 피하고 학습이라는 재생산의 양태에 의존하는 사회 간의 차이가 이 변론을 통해 명확히 보이리라 생각했기 때문입니다.

돌이켜 보면, 이 책이 남미 국가에서 특히 주목받았던 것도 놀라운 일이 아닐 것입니다. 아마도 남미는 이전에 식민 경험이 있었고, 착취와 가난, 극심한 사회 불의 속에서 발생한 사회적·정치적 변화와 학교의 의미가 여전히 명백히 관련되기 때문일 것입니다. 민주주의와 유사하게 학교교육은 이러한 맥락에서 변론할 가치가 있습니다. 이는 무엇보다도 학교(민주주의)가 없는 사회에서 사는 것이 어떤 의미를 지니는지에 대한 경험과 학교교육이 직결되기 때문입니다. 즉 학교는 당연히 주어진 것이 아닐뿐더러 그저 과거의 유물이기만 한 것도 아니고, 개인의 번영이나 발전을 위한 서비스도 아닙니다. 모호하긴 해도, 학교는 해방의 가능성과 여전히 밀접하게 관련되기에, 학교의 권리를 위한 투쟁은 다분히 공적인 사안입니다.

2020년 현재, 많은 것이 달라졌습니다. 코로나19의 대유행으로 인해 지난 몇 달 동안 세계 각국의 학교는 문을 닫아야만 했습니다. 그리고 얼마 지나지 않아 많은 이들이 학교를 대변하기도 하고 변론하기 시작했습니다. 적어도 학교의 사회적 기능이 다시 한 번 강조되었다고 할 수 있습니다. 그런데 학교교육이 구식인 데다 비효율적이며 지루하고 낡은 학습 형태라고 비판했던 이들이 전혀 예상하지 못했던 일이 발생했습니다. 학생들이 오늘의 학교교육을 옹호하기 시작했던 것입니다. 물론 학부모와 정치인들도 학교의 문을 다시 열자고 주장하기 시작했지만, 대체로는 도구적 발상이거나 경제적 이유에서였습니다. 자녀들이 집에만 있음으로써 맞벌이 부부의 삶은 상당히 힘들어졌습니다. 한편으로는 학교의 수업 결손이 곧 인적 자본에 대한 투자를 중단하는 것이라는 불안이 자리 잡았습니다.

그런데 학생들이 학교를 옹호하는 이유는 이와는 좀 다른 것 같습니다. 이들은 온라인 디지털 학습 환경과 네트워크로 대체될 수 없는 학교교육의 실존적인 측면을 지적하고 있습니다. 아이들이 학교를 옹호하는 이유는 물론 얼른 친구들과 어울리고 싶어서이기도 하지만, 다른 한편으로는 격리 생활 기간 아들, 딸이라는 역할에만 위축되는 것도 힘들고 교사처럼 행동하려는 부모로부터 도피하고 싶어서이기도 한 것 같습니다. 그렇지 않으면 이제 더 이상 자신의 부모 앞에서 온전히 아들, 딸이 되지 못하기 때문입니다. 가정에서 아이들은 온전히 학생이 되지도 못하지만, 동시에 아들, 딸로서도 생활하기 어려워진 것입니다. 즉 아이들이 학교를 옹호하는 것은 가정으로부터 해방되고자 함이며, 학교의 학생이 되는 것은 곧 해방의 행위가 될 것입니다. 그리고 이는 단순히 가정으로부터 해방되는 일에 그치는 것이 아니라 궁극적으로는 학교교육이라는 부담으로부터 가정이 해방되는 일로 이어집니다.

앞으로 더 많은 연구가 필요하겠지만, 코로나 사태로 인한 격리 생활은 학교를 변론하는 것이 곧 가정을 변론하는 일과 관련됨을 드러내 보였습니다. 오늘의 젊은 세대는 아들이나 딸로서 가정생활과 학생으로서 학교생활의 (상대적인) 공백기를 명백히 경험하고 있습니다. 달리 말하면, 바로 이 특수한 역사적 조건에서 오늘의 젊은 세대는 가정생활과 학교생활이 더 이상 존재하지 않는다는 것이 어떤 의미인지 경험해 보았다고 할 수 있을 것입니다.

이것이 젊은 세대가 지금 겪는 일이라면, 우리는 그 의미를 면밀히 살펴보아야 합니다. 이들이 현재 경험하는 것은 곧 '세계'가 없다는 말 아닐까요? 물론 젊은 세대는 '사회적' 삶이라는 것을 경험하고 있을 것입니다. 그러나 사회적 삶은 통신과 교환 행위에 한정되며, 아렌트에 따르면 사회적 삶에는 세계가 없습니다. 혹은 삶에 적대적이거나 친화적인 외부 환경, 삶을 조력하거나 위협하는 환경에 국한된 삶을 의미합니다. 학교교육에서 배제된 상태는 곧 세계로부터 배제된 경험일 것입니다. 즉 학교를 그리워하는 이들은 곧 자유와 평등의 경험을 그리워하는 것이라고 말할 수 있습니다. 물론 이때 자유는 집에서 온라인 학습이 제공하는 다양한 선택지 중에서 선택하는 자유가 아닙니다. 이들이 그리워하는 자유는 아마도 할 수 있음의 자유일 것입니다. 학교가 제공하는 평등의 경험도 법률적·사회적 평등과 구별됩니다. 학교에서는 다른 모든 사람과 마찬가지로 학생으로서 평등하다는 것은 가정이나 본성, 혹은 사회적 배경이나 특정한 목적으로 규정된 이미지에 고착되지 않는 평등의 존재임을 의미합니다.

한편, 가정을 그리워하는 이들은 곧 사적privacy인 경험을 그리워하는 것이라고 말할 수 있습니다. 사적인 경험이란 우리가 하는 일이 공적으로 설명되거나 평가받지 않는 것을 의미합니다. 또한 경제적, 사회적, 학문의 논리에 따른 개입 없이 온전히 자기 자신이 되는 것, 가정 내 독점적인 친밀감을 경험하는 것이 가정의 사적인 경험이 될 것입니다.

한 가지 덧붙여, 학교를 그리워하는 이들은 곧 '실제' 혹은 공유된/공통의 '세계'의 경험을 그리워하는 것이라고도 말할 수 있습니다. 즉 학교를 변론하는 것은 가정을 변론하는 일일 뿐 아니라 공유된 세계를 변론하는 일입니다. 아이들에게 학교는 가정(형제, 자매를 포함해서)으로부터 해방될 수 있게 할 뿐 아니라 사회의 공포라고 할 만한 것으로부터 해방되게 한다고 할 수 있겠습니다. 즉 학교교육을 통한 사회적 해방이 아니라, 학교가 사회적인 것으로부터의 해방을 위한 시간과 공간이라는 의미입니다. 아이들이 옹호하는 학교는 친구를 사귀는 곳, 서로에게 동료가 되는 곳일 뿐 아니라, 그러한 친구와 동료로부터도 해방될 수 있게 하는 곳이면서 동시에 통신이라는 사회적 영역(소셜 미디어를 포함하여)에 국한되는 일에서도 해방될 수 있게 하는 곳입니다. 무엇보다도 '좋아요'나 조회 수, 이런저런 일로 존재감을 드러내 타인의 관심을 받고자 하는 염려나 (실제로는 절대 공유될 수 없는) 개인의 감정 상태에 대한 지나친 염려에서 해방되게 하는 곳입니다. 학교는 놀이와 일을 통해 교실 안에서 세계에 다가가 볼 수 있게 만들며, 세계를 발견하고 거주하게 만드는 곳임을 아이들이 경험한 것입니다.

이 모든 것이 사실이라면, 아마도 이 책은 벌써 구식일지 모릅니다. 오늘의 젊은 세대가 학교교육에 대해 말하는 것은 학교가 당연한 것으로 여겨지던 시대에 학교를 변론해야 했던 것보다 훨씬 더 명확하게 학교의 의미를 드러냅니다. 혹은, 이 책은 오늘의 경험으로 번역되는 과정에서 새로운 의미를 획득하게 될지 모르겠습니다. 마찬가지로 한국어 번역본이 이 책에 새로운 의미를 부여하는 출발점이 되어 새로운 세계로 인도하며, 새로운 거주자에게 이전 세계의 경험을 잇는 역할을 할 수도 있겠습니다. 현재 학생들이 공유하고 있는 경험을 고려할 때, 이상주의 몽상가의 학교나 전통적 학교로 무비판적으로 회귀하려는 것이 망상이며 실상은 단 한 번도 존재한 적이 없다고 주장하는 이 책의 내용을 무력화하기는 쉽지 않을 것입니다. 학교는 가정이 아닙니다. 스콜라스틱 학습은 실제로 가정에서 온라인으로 학습하는 것과 같지 않습니다. 비록 이 책은 지금까지 학교가 이런저런 방식으로 길들이려는 외부의 시도에 맞닥뜨렸고 대다수는 길들임의 방식으로 탈학교화되었다고 말하고 있지만, 이 모든 학교 길들이기와 탈학교화 전략에도 불구하고 오늘의 학생들은 자신이 그리워하는 학교 경험, 즉 자유와 평등, 그리고 공유된 세계의 경험으로 정식화되는 학교라는 말 속에 내포된 것을 감지해 낼 수 있는 것 같습니다.

한국어 번역판을 준비한 윤선인 박사에게 감사의 인사를 전하고자 합니다. 특히 번역 과정에서 각별한 주의와 애정 어린 관심을 보인 데 대해 깊이 감사드립니다. 마지막으로 이렇게 한국어판 서문을 제안해 주셔서 감사합니다. 덕분에 2020년 전 세계를 강타한 사건과 관련하여 우리가 본래 기획했던 이 책을 다시 생각해 볼 수 있게 되었습니다. 감사합니다.

2020년 6월 18일, 루벤에서

얀 마스켈라인, 마틴 시몬스 드림

추천사

'스콜라스틱 교육'이라는 부제가 달린 이 책은 제도교육에 대한 공격이 넘쳐나고 '학교'가 어떤 공간이어야 하는가에 대한 논란이 거세어지는 오늘날, 학교가 왜 존재해야 하는가에 대해 독특한 방식으로 접근하며 신선한 상상을 하게 한다.

이 책에서 학교는 사회의 분법 안에서 하나의 기능적 요소로 이해되기보다 학교 자체를 구성하는 고유한 언어들을 통해 이해된다. 학교는 서양 고대의 어의에 따라 여가 혹은 자유시간으로 다루어지며, 이는 사회나 가족으로부터 분리되고 유예된 시간과 공간을 의미하기도 한다. 이러한 점에서 저자들에게 학교의 발명과 확대는 '자유시간의 민주화'이며 평등화다. 학교의 자유시간 안에서 아동과 청소년은 온전한 개인이자 시민으로 새롭게 시작하고 성장하며, 교사는 학교라는 자유시간 안에서 교육이라는 소명에 따라 사랑으로 창조하는 장인schoolmaster이 된다. 이러한 유예를 통한 성장의 과정은 누구에게나 평등하게 열려 있으며 그 목적은 공공적인 것이다.

사회로부터 학교를 분리시키는 이러한 인식은 가장 사회적인 것이 가장 교육적이라는 진보주의적 접근과 다르며, 일견 전통주의를 연상시키기도 한다. 그러나 저자들은 자유시간의 분리성에서 더 나아가, 그 '유예적' 힘 안에서 개개인이 독립적인 자기 세계를 찾고 성장하며, (도구적 합리성, 기능주의, 관리주의로부터 벗어나) 새로운 세계를 대안적으로 형성할 수 있다는 가능성을 드러낸다.

코로나 바이러스로 인해 '미리 다가온' 미래가 체감되고 학교의 기능에 대한 논의가 활발해지는 지금, 이 책은 학교교육의 본질에 대한 '직답'을 제시하고 있어 우리의 시선을 끈다. 한국 독자에게 보내는 서문을 통해 저자들은 이 시점에서 왜 학교가 옹호 혹은 변론되어야 하는지 다시 한 번 강조하고 있다. 저자들과 고민의 공유 지점을 확인하는 가운데, 학교에 대한 우리의 담론은 더욱 풍성해질 것이라 기대한다.

이 번역서는 교육의 가능성을 뜨겁게 믿고 냉철히 고민해 온 교육철학 연구자이자 교육자인 윤선인 박사의 열의와 노력으로 세상에 나오게 되었다. 책의 발간을 축하하며, 번역의 노고에 대해 독자로서 감사의 마음을 표한다.

이윤미_홍익대학교 사범대학 교육학과 교수

차례

SCHOOL

1장

들어가며

학교는 대개 더 나은 미래와 발전을 상징하지만, 학교의 기원에 결점이 없는 것은 아니다. 이 결점은 학교가 고대 그리스 도시국가에 등장한 이래 '자유시간'의 원천이었다는 점이다. 이는 학교school의 어원에서도 확인되는데, 그리스어로 스콜레scholē는 공부하고 연습하기 위한 자유시간을 의미한다. 문제는 학교가 이 자유시간을 당대 신분 질서상 아무런 권리가 없던 이들에게도 부여하여 지식과 경험의 원천이 되는 공공재common good가 된 점이다. 이러한 결점에도 불구하고 역사상 학교가 판사나 배심원의 법적 검열을 면하고, 설립 근거를 강탈당하지 않은 것은 다행스러운 일이다. 하지만 학교의 결점을 바로잡으려는 노력은 역사상 계속되어, 학교는 끊임없이 개선되고 수정되어야 할 대상으로 간주되었다. 당대 종교적, 정치적 신념이나 국가 건설 혹은 문명 교화 등의 사업에 동조하는 한에서 교정의 대상이었던 학교는 그나마 용인되었다.

20세기 후반에 이르러, 학교의 존립 자체에 이의가 제기된다. 우리에게 익히 알려진 이반 일리치Ivan Illich를 비롯하여, 급진적 탈학교주의자radical deschoolers들은 학교를 시급히 폐기해야 한다고 주장한다. 이들은 스콜라스틱 교육Scholastic education이 만악의 근원이며, 학교라는 제도적 논리 자체에 문제가 있다고 지적한다.[1] 일리치는 진정한 배움의 기관으로서 학교가 필요하다는 발상 자체가 잘못된 것이라고 본다. 학교 밖에서 더 많이, 더 잘 배운다는 것이다. 오늘날 평생교육이나 이러닝e-learning의 교육환경에서 학교는 아마도 조용히 종말을 고할 것이다. 혹자는 구시대의 유물인 학교가 곧 사라질 것이라 예견한다. 이들에 따르면, 오늘날의 학교는 시대착오적이며, 대대적인 개혁이 필요하다. 학교를 변론하는 모든 시도는 설득력이 없고 장황하며, 그저 보수적인 견해라고 치부된다.

우리는 학교에 대한 이 같은 비난에 반하여 학교가 무죄임을 입증하고자 한다. 오늘날이야말로 학교가 전적으로 필요한 시기이다. 일각에서는 학교가 현대적이지 못한 기관이라고 비난하며, 학교 자체를 폐기해야 한다고 주장한다. 그러나 이러한 비난은 오히려 학교가 무엇인지, 학교가 무엇으로 기능하는지 더욱 분명하게 드러낸다. 우리는 이 글을 통해 학교에 대한 의혹이 구시대적 공포나 혐오에서 비롯된 것이라는 점을 밝힐 것이다. 이 혐오는 급진적이고도 본질적

1. 옮긴이 주: 본고에서 일관되게 번역된 '스콜라스틱 교육'이란 학교를 학교답게 하는 교육으로서 저자가 제시하는 본질적인 의미의 학교를 지칭한다.

인 학교의 성격에서 비롯된다. 그것은 바로 학교가 '자유시간'을 제공하여 지식과 기술을 '공공재common goods'로 바꾼다는 점이다. 학교는 개인의 출신이나 능력, 적성에 상관없이 모두에게 동일한 시간과 공간을 부여하며, 이 안에서 우리는 자신이 속한 환경에서 벗어나 스스로 고양되고 세계를 예측 불가능한 방식으로 새롭게 변화시킨다.

구세계의 유지를 바라는 이들이나 신세계의 비전이 명확한 이들에게 스콜라스틱 시기는 우려의 대상이다. 이들은 공통적으로 어린 세대를 이용하여 기존의 세계를 유지하거나 새로운 세계를 구현하려 한다. 때문에 이들은 학교, 교사, 교육과정에 아무런 기회를 허용하지 않으며, 학교를 통해 어린 세대를 기존 세대의 의도에 맞게 길들이려 한다. 달리 말하면, 진보든 보수든 스콜라스틱 교육과 교육자를 불신하는 분위기가 명확히 존재하며, 학교가 순응하고 있다는 것을 입증하지 못하는 이상, 학교는 암묵적으로 유죄로 간주된다. 우리는 학교를 변론하면서 이런 억지 주장에 찬동하지 않으며, 부당한 의혹을 변론하지 않을 것이다. 이런 주장은, 부당한 의혹을 감내하면서까지 한 사회를 새롭게 할 시간과 장소를 부여하는 학교의 학교다움을 부정하거나 믿지 못하는 데서 비롯된 것이기 때문이다.

스콜라스틱 교육을 주장하면서, 이 모든 게 늦게 도래하기 때문에 우리의 주장이 과거를 통해 미래를 재건하려는 보수적 계획으로 간주되거나 유작이 될 수도 있는 점이 우려스럽다. 이 점에서 우리는 다음과 같이 천명한다. 학교는 역사적 산물이기에 사라질 수 있으며, 동시에 재발명될 수도 있다. 바로 이것이 우리의 도전이자 책무라는 점을 밝힌다. 학교를 다시 구상하는 작업은 오늘의 세계 안에서 구체적인 방식을 찾는 데서 출발한다. 그것은 '자유시간' 안에서 어린 세대를 불러 모아 공공재가 이들에게 적합하게 드러나도록 만드는 것이다. 학교의 미래는 공적인 사안이며, 우리의 변론을 통해 이것이 공적 사안으로 논의되길 바란다. 이에 우리는 전문적 변호인이 아닌 학교의 대변인으로서 발언하고자 하며, 이 글은 학교를 다시 구상하려는 이유와 방법을 설명하기 위해 기획되었다. 우선 오늘날 학교에 제기된 각종 혐의 사항과 요구, 그리고 학교의 위상에 대해 간략히 논의하고자 한다.

2장

협의 사항과 요구,
그리고 학교의 위상

1.
고립

학교에 대한 혐의 사항으로 지속적으로 제기되는 문제는 학교의 고립Alienation이다. 학교에서 가르치는 교과는 '현실'을 충분히 반영하지 못하고, 교과서는 '인위적'이며, 학교는 학생에게 '진짜 인생'을 준비시키지 못한다는 지적이다. 한쪽에서는 학교가 노동시장의 수요를 충분히 파악하지 못하기 때문이라고 말하고, 저쪽에서는 학교가 노동시장의 수요나 고등교육의 요구에 너무 맞추려 하기 때문이라고 말한다. 그러면서 학교는 학생이 성인의 삶을 준비하기 위한 보편적이고 일반적인 교육을 하지 못한다는 것이다.

그런데 스콜라스틱 교육과정의 핵심은 학생이 실제로 경험하는 삶과의 실질적 관련을 맺지 않는 데 있다. 그 결과 학교는 사회뿐 아니라 학생의 요구와도 단절된다. 이에 학교는 아무것도 할 수 없고, 아무것도 하지 않는, 일종의 섬에 갇혔으며, 학생은 자기 자신이나 사회 환경으로부터 고립된 것으로 보일 수 있다. 일부 중도적 입장에서는 학교가 변화 가능하며 개방적이고 실용적으로 바뀔 필요가 있다고 주장한다. 한편 극단적인 입장에서는 고립과 단절을 특징으로 하는 모든 형태의 학교교육을 폐기해야 한다고 주장한다.

이러한 주장들은 모두 교육과 학습이 학생이 경험하는 세계와 사회 전체가 명시적으로 연결되어야 한다는 발상에 불과하다. 그러나 스콜라스틱 교육이 강조하는 것은 학생이 가족과 사회 환경에 연결된 부분을 끊어 버리거나 지연시키는 것이다. 이를 통해 학생은 학교 안에서 세계를 흥미롭고 매력 있는 방식으로 만나게 된다.

2.
권력과의 결탁 그리고 부정부패

학교비판론자는 학교가 각종 이익을 남기기 위해 공공연히, 때로는 은밀하게 자기 권력을 악용하는 등 온갖 부정부패의 온상이라고 주장한다. 기존의 스콜라스틱 담론인 '만민평등'은 고사하고, 학교는 사회 불평등을 은밀하게 재생산하고 있다고 말한다. 학교 내 기회균등이나 평등한 대우 같은 것은 애당초 존재하지 않을뿐더러, 혹여 존재한다 해도 차별은 노동시장은 물론 사회 전반에 걸쳐 지속된다. 학교가 강조하는 전문성이나 교육 목표와 무관하게 학교는 불평등을 재생산한다. 혹자는 전문성이나 교육 목표와 같은 주장을 방패 삼아 불평등을 재생산할 수 있는 것이라고 주장한다.

혐의 사항은 간단하다. 학교는 자본에 충실히 봉사할 뿐, 그 밖의 주장은 경제자본 논리에 입각한 신화이거나 불가피한 거짓이라는 것이다. 학교가 주저 없이 재생산하는 지식의 형식에는 명백한 위계가 있으며 지식은 경제재화이다. 학교는 문화자본에도 이바지하여 공손하고 겸손하며, 성실한 시민, 장래를 대비하며 때로는 경건한 시민을 재생산한다. 이렇게 기업, 교회, 엘리트 집단 등 현 체제 내에서 이익을 취하는 집단에 학교는 협력한다. 그리고 '자연스럽다'든가, 옳다든가, 최소한 해가 되지 않는다는 식으로 공조는 유지된다.

일부 학교비판론자는 학교가 우연히 이러한 부정부패에 악용되어 굴복한 것이 아니라 권력의 필요에 의해 세세하게 짜인 각본에 따라 학교가 기획되었다고 주장한다. 학급 분반제도, 평가제도, 교과교육과정과 각종 수업 및 교육 방식 등 이 모든 것은 권력을 영속시키기 위한 수단이자 도구라고 말한다. 문제는 아직도 학교가 자율적이고 중립적인 교육 결정권을 가지고 있다고 믿는다는 점이다. 이 믿음은 학교가 기회균등을 보장한다는 담론의 근거가 되기도 하지만 반대로 차별적 대우를 정당화시키기도 한다.

우리도 학교의 부정부패를 부정하지 않는다. 다만 학교를 끊임없이 순응시키고 부패하게 만든 이런 시도들은 스콜라스틱 학교에 내재된 명백하고 급진적인 잠재력을 길들이려는 데서 발생한다는 점을 강조하고자 한다. 고대 그리스 도시국가에 출현한 이래, 학교의 시간은 지식과 기술, 그리고 문화 '자본'을 회수하여, 모두가 쓸 수 있는 '공공재'로 되돌리는 시간으로 이는 기존의 재능, 적성, 혹은 수입과 무관하다. 학교의 급진적 회수나 '공공화하기making public' 문제는 '소유권'을 보호하고자 하는 엘리트 집단이나 사회를 자신의 소유물로 취급하여 젊은 세대의 미래를 소유하고 있다고 믿는 구세대에게 참기 어려운 부분일 것이다.

3. 청소년의 동기 상실

학교에 대한 세 번째 혐의는 청소년들이 학습 동기를 상실했다는 점이다. 청소년의 동기 상실 문제에는 여러 변주가 있는데 대체로 청소년들은 학교에 가기 싫어한다든가, 학습은 재미없고 고통스러우며, 무엇보다도 교사는 지루하며 삶에 대한 학생의 열정이나 열망을 날려 버린다고 주장한다. 소위 인기 있는 교사들은 막상 가르치는 게 없다. 간간이 보이는 열정적인 교사는 수업이나 학교를 도전적으로 바꾸어 놓는데, 이런 행위는 앞서 언급한 학교의 결점을 확인시켜 줄 뿐이다.

중도적인 입장에서는 학교가 학생의 웰빙을 우선시해야 한다고 주장할 것이다. 이들에게 학교의 목표는 일과 놀이의 적절한 균형을 갖는 것이며, '즐거운 학습'을 유지하는 것이다. 또한 지루함은 치명적이며 재미없는 수업이나 따분한 교사는 퇴출되어야 할 시기라고 말할 것이다. 학생들은 현재 학습하는 지식의 가치가 무엇이고 왜 배우는지 바로 이해할 수 있어야 한다는 것이 요즘의 추세이다. 학생이 "이걸 왜 배워야 해요?"라고 묻는 것은 정당한 질문이며, "왜냐하면 그건 나중에, 너희들이 크면…"으로 시작하는 답변은 요즘 같아선 직무 태만에 가깝다. 재미는 차치하더라도 청소년에게 학습 동기를 부여하기 위해 학습 내용을 선택할 권리와 더불어 학습의 효용과 관련된 정보가 제시되어야 하는데, 학교는 청소년에게 이러한 정보를 제대로 주지 않는다는 것이 학교비판론자의 지적이다.

요컨대, 학교는 근본적으로 보수적이며 교사는 구세대를 대변한다고 말한다. 사회의 요구에 따라 결정된 교육과정에서 진행되는 교육활동은 그저 교사에게만 좋은 일일 뿐, 학교는 침체를 주도한다는 주장이다. 그리하여 반복되는 주장은 다음과 같다. 학교의 미래를 기대한다면 학습자의 재능, 선택, 및 학습 수요를 우선시하는 학습 환경을 모색해야만 하며, 좀 더 유동적이고 유연해져야 한다. 교육박물관의 전시물로 전락하고 싶지 않다면 말이다.

그런데 우리가 강조하고자 하는 것은 학교가 학생의 웰빙에 관한 장소에 국한되지 않는다는 점이다. 동기 상실에 관한 사안의 핵심은 교육에서 관심의 문제를 처방으로, 흥미를 수요자 요구 충족의 문제로 착각하여 몰두하는 학교의 안타까운 실태를 드러낸다는 점이다.

4.
저조한 효과성과 취업 가능성

학교에 제기된 다음의 혐의는 경제적 심판으로 학교의 교육 효과는 미미하며, 취업 가능성employability 문제로 난항을 겪고 있다는 것이다. 학교는 관료주의 시대를 극복하지 못하고 있는데, 이 문제는 성과나 목표에 국한된 것이 아니라 규칙, 절차, 실행계획에 관한 문제에 해당한다. 태양왕/교육자 이미지를 가지고 교단 앞에 선 교사의 전문성은 학교의 자발적인 재구조화를 모면할 구실이 되곤 한다. 관계 당국의 엄격한 규제에 따른 것이 아닌 이상에는 말이다. 달리 말하자면, 교원의 전문성은 학교가 조직적인 면을 다소 경시해도 될 근거가 되는데, 이에 따라 학교는 자체 성과를 내기 위한 유관 조직과의 협력을 크게 고려하지 않는다. 때문에 학교비판론자들은 과학적으로 명백한 근거에도 불구하고, 학교마다 차이를 보이는 부가가치를 학교가 인지하지 못한다고 비판한다. 부가가치를 실현하기 위해서 학교는 학교 경영과 조직 운영이 필수이며 부가가치 창출이야말로 학교가 사회에서 부여받은 책무라는 점도 지적한다. 이에 따른 결론은 우울하다. 사회의 요구에 부응하지 못한 학교는 두말할 것도 없이 폐기되어야 한다는 것이다.

학교가 생산하는 성과는 무엇인가? 학업성취이다. 그 밖에 웰빙 정도가 있을 수 있다. 소위 말해서 책무성 있는 학교는 자신이 생산하는 부가가치에 따라 평가를 받는다. 궁극적으로 이 가치는 학생의 취업을 준비시키는 것이다. 학업성취의 결과, 말하자면 역량에 대한 방점은 여기에 있다. 즉 그 성과는 직업 환경, 그리고 나아가 사회적, 문화적, 정치적 상황에 활용될 수 있어야 한다는 것이다. 학교를 문제 삼는 이들은 책임 있는 교사를 원하는데, 이들이 말하는 교사란 자신의 가치를 자신이 창출한 부가가치에서 발견할 의지가 있는 자들을 의미한다. 하지만 이를 공공연히 언급하기는 어렵다-아직까지는. 그런데 이들의 주장에서 학교와 교사에 부족한 것이 구체적으로 무엇이란 말인가? 그것은 목표 달성 측면에서의 교육 효과, 저비용으로 단시간에 목표를 달성한다는 면에서의 효율, 그리고 발전이 더딘 것을 더욱 발전시켜 내는 수행력에 대한 안목이 부족하다는 점이다. 급진적인 학교반박론자들에게 이는 명백하다. '우리는 학교이지, 비즈니스가 아니다'라는 명제는 너무도 쉬운 방식으로 학교가 비즈니스적 감각이나 기업가 정신이 부족하다는 점을 드러내는 것이다. 사실, 비즈니스 감각에서 보자면 학교 자체에는 근본적 문제가 없다. 그런데 학교 외 조직이 일련의 교육과정을 가지고 더 나은 학업성취를 보이면서, 더 효과적이고 효율적인 방식으로 취업 가능성을 높인다면, 이때는 비즈니스적 결단을 내려야 할 것이다. 아마도 그건 학교를 폐기하는 것일 테다. 이 점에서 우리는, '학교는 비즈니스가 아니다'와 같은 명제가 다른 유의 책무를 표현하고 있다는 점을 지적하고 싶다. 이는 새로운 세대로서 젊은 세대에 대한 책무이자 사랑이다.

5. 개혁 요구, 그리고 학교 과잉

학교에 대한 협의에 학교의 급진적 개혁에 관한 의문이 상당히 많이 제기되어 왔다는 것은 놀랄 일도 아니다. 개혁의 내역서는 방대하다. 학교는 학생 중심이 되어야 한다, 능력 개발에 힘써야 한다, 학생에게 동기부여가 될 수 있도록 노동시장 및 사회 변화에 좀 더 반응해야 한다, 학생의 웰빙에 주의를 기울여야 한다, 좀 더 효과적인 증거 기반 교육evidence-based education을 실시해야 한다, 실질적으로 기회균등에 기여할 수 있어야 한다 등. 이런 요구는 학교가 궁극적으로는 개인의 학습역량을 극대화하는 곳이라는 관점에서 비롯된 것이다.

동시에 우리는 점점 많은 사람들이 학교 정상화를 원한다는 것을 발견했다. '학교 재구조화re-schooling' 운동은 기본적으로 학교를 정상화해야 한다는 태도를 취하며, '고전적' 혹은 '전통적' 학교로 돌려놓고자 한다. 그러나 이들 개혁주의자와 재건주의자들의 운동에서 학교의 역할은 기본적으로 기능성이며, 양자 모두 학교를 특정 목표에 기여하는 대리인 정도로 이해하고 있다. 이때 특정 목표란 대체로 학습 촉진, 능력 개발, 성취 기반 학습 정상화, 기술 습득, 가치의 전수 등이다. 그들은 의도된 목적이나 이미 형성된 기대를 가지고 학교를 대리자 정도로만 이해하며, 학교를 학교답게 하는 것이 무엇인가에 대해서 두 번 생각하지 않는다. 그들도 학교의 목적이나 기능에 대해 관심은 있지만 학교를 구성하는 근본적인 것에 대해선 질문하지 않는다. 학교의 목적, 즉 학교를 그 자체로 학교이게 하는 것은 무엇인가? 우리의 변론은 바로 이 질문에서 출발한다. 이에 앞서 우리는 학교 관련 논의에 등장하는 두 가지 기만 작전rearguard action에 대해 기술하겠다. 이들은 나름의 논리로 학교의 과잉redundancy을 주장한다.

첫 번째 논의는 평생학습 시대에 교육기관에 도입된 새로운 자격체계와 관련된다. 학습이 학습 성과의 산물로 위축되어 역량으로 전환된 잠재력의 다른 말에 불과한 시대, 즉 형식적·비형식적 학습 경로와 학습 환경을 통해 학습이 가능한 시대에, 학교의 역할은 도대체 무엇이란 말인가? 학교는 승인과 인증의 기관으로서 졸업장을 부여하는 곳이라 답할 수도 있다. 즉 학업성취와 습득한 역량을 인증된 자격으로 승인해 주는 곳이다. 정부가 부여한 권한으로 학교의 인증 기능이 정당화된다. 단적으로 학교의 역할은 바로 이 사회적 기능에 한정되며, 이는 많은 교육사회학자들이 오래전부터 지적한 바이다. 즉 학교는 '유효한' 학위를 수여한다. 이렇게 학교의 기능이 자격증 수여에 국한되고, 그 외 별다른 가치가 없다면 굳이 학교가 필요할까라는 질문을 하게 될 것이다.

모든 학습 성과를 8단계 등급으로 구별하면서 이를 소위 말하는 학습과정이나 학습 상황과는 구별하는 유럽자격체계European Qualifications Framework는 그런 인상을 준다. 이 체계에서 스콜라스틱 교육은 더 이상 유일한 학습기관이 아니며, 따라서 학습 성과에 자격을 부여하는 기관도 독점할 수 없다는 의미를 명백히 내포하고 있다. 즉 학습 성과나 역량만 중요하지 어디에서 어떻게 그걸 얻게 되었는지는 중요하지 않다는 것이다. 이 주장에 따르면 스콜라스틱 교육에 깃든 고유한 제도적 권한인 자격부여 기능은 단절되며, 제도적 정체성을 강조하려는 학교의 시도는 기존의 독점을 지속하거나 시장우위를 점하기 위해 발휘하는 정치권력을 표하는 것에 불과한 것이 된다. 유럽자격체계를 따른 플랑드르자격체계Flemish qualifications framework는 아직 이렇게까지 되진 않았다. 적어도 소위 말하는 교육 부문과 전문기술 부문의 자격 정도는 구별하고 있다. 전문기술 자격체계는 해당 분야의 직종에 종사할 때 요구되는 역량을 등급 체계로 기술하고 있으며, 관련 역량은 교육기관이나 여타 기관에서 획득할 수 있다. 반면에 교육 부문의 자격체계는 사회인으로서 갖추어야 할 역량(학습 성과)이나 진학에 요구되는 학습역량을 의미하며, 이 자격은 오직 정부가 인증한 교육기관만이 수여할 수 있다. 이렇게 보자면 교육계의 로비가 꽤 성공적이었다고 말할 수도 있다. 특정 자격은 여전히 교육기관 안에서 이수되도록 남았고, 스콜라스틱 교육은 자격증 수여 기능을 지속하게 되었기 때문이다.

그러나 학교의 로비가 얼마나 지속될지는 미지수이며, 그저 더 큰 체제를 감당하기 위한 당근책일 수도 있다. 이로써 학교는 여타 형식·비형식 학습기관이나 직업교육 모두에 통용되는 '화폐'와 '중앙자격은행'에 준하는 획일화된 등급체계에 따라야 한다는 것이다. 그런데 이렇게 체계화된 학업성취로 자격기준을 삼고, 반드시 그 학업성취에 기반을 둔 교육 목표를 세워야 한다면, 학교는 이제 무엇을 할 수 있을까? '학교에 간다'는 표현에 어떤 의미가 남아 있긴 한 걸까? 학교에서 운영하는 교육이 그저 다양한 학습 진로 중 하나라면 학습 환경이나 진로의 선택지로서 학교는 자신의 가치를 증명해야 한다. 이 발상의 다음 수순은, 자기 가치를 입증하지 못한다면 학교는 딱히 필요치 않다.

학교를 변론하기에 앞서, 학교의 과잉이라는 또 다른 혐의도 논의될 필요가 있다. 별도의 시간과 공간이 요구되는 학교는 가상 학습 환경이 가능한 디지털 시대에 더 이상 필요치 않다는 주장이 제기된다. 즉 새로운 정보통신기술ICT, Information and communication technologies의 혁신에 따라 학습자의 개별 요구에 부합하는 맞춤형 학습이 가능해졌다. 학습의 과정은 지속적인 평가와 관리를 통해서 가능하며, 언제 어디서든 가능해진 학습 자체가 즐거워진다. 여러 학생이 한데 모여 정해진 시간 동안 교사에게 의존해야 하는 학교의 핵심 단위인 교실은 수동적이고 지루하며, 실망만 안기는 공간으로서 소통수단으로 보자면 구시대적이다. 교실은 디지털 이전 시대에나 어울린다는 것이다. 디지털 이전 시대의 사회는 비교적 안정적이었기 때문에, 학습자가 학교에서 무엇을 배워서 수행할 수 있어야 하는가에 대한 사회의 요구에도 큰 변화가 없었으므로 기존의 체제에 순응하는 학교 내 교실의 역할은 자명했다.

하지만 오늘날에는 이전과는 분명히 다른 전망이 나타났다. 학교에서 실시하는 고전직 교육은 케케묵은 과거의 기술에 의존한 것으로, 연령별 교육과정이나 분류 등 모든 생각 자체가 지식과 기술을 분배하는 낡은 방식의 산물에 불과하다는 것이다. 이들 주장에 의하면, 학교라고 불리는 인위적인 학습은 자연적인 학습 환경에서 배울 수 없었던 시대에나 필요했던 것일 뿐, 이제 그 필요가 사라진 이상, 학교라는 기관도 사라져야 한다. 학습은 다시 한 번 '자연적' 사건이 되었고, 이제는 학습 환경이 풍족한지 부족한지 정도만이 문제가 되는 시대이다. 고로 학교에 작별을 고한다!

그러나 바로 지금이 반론을 제기하기에 적절한 시기이다. 학교를 변론하면서 부가가치나 학업성취, 혹은 교육자격 같은 용어에 경도되기보다는, 학교를 학교답게 하는 것이 무엇인지 구별해 보이고자 한다. 학교의 가치를 그 자체로 드러내 보여 학교가 보존되어야 할 이유를 논의하고자 한다.

3장

스콜라스틱 교육

스콜레σχολ, scholè:

자유시간, 휴식, 지연, 공부, 논의, 수업, 학교, 교사校舍

학교를 학교답게 하는 스콜라스틱Scholastic 교육이 무엇인지 묻는 것 자체가 오히려 생소하다 하겠다. 학교는 사회가 고안한 교육기관으로서 아동을 세상에 인도하는 역할을 한다는 것이 명백하지 않은가? 아동이 특정 직업, 문화, 혹은 사회에 적합한 지식과 능력을 갖추도록 학교가 돕는다는 것은 자명하지 않은가? 이 준비 기능은 교실 맨 앞에 서 있는 교사 그리고 학생의 규율과 복종에 기반을 둔 구체적인 방식을 띤다. 학교는 젊은 세대가 사회에 정착하기 위해 필요한 모든 것을 (특정한 방법으로) 학습할 수 있도록 마련된 공간이다. 그렇다면 지식 및 기술에의 입문과 한 사회의 문화에 대한 젊은 세대의 사회화로서 학교에서 학습이 일어난다는 것은 분명하지 않은가? 입문과 사회화는 이런저런 방식으로 모든 민족과 문화에 제시되지 않는가? 특히 특정 수준으로 복잡해진 사회에선 이런 입문과 사회화가 필수인 만큼 학교야말로 이 모든 것을 성취하기에 가장 경제적이고 집단적인 방식이 아닌가?

이것이 학교가 무엇이고 무얼 하는지에 관한 일반적이고 보편적 인식이다. 다른 한편으로 우리는 학교가 그리스의 도시국가에서 적으로 고안된 것이라는 점을 상기할 필요가 있다. 당시 학교는 고대 그리스 사회에 귀족 및 군대 엘리트 집단의 특권에 불법 침입자로 등장하였다. 그리스의 학교에서 선함과 지혜는 더 이상 특정 출신, 인종, '본성'에 따른 소유물이 아니었다. 즉 선함과 지혜는 특정 출신, 인종, 본성과 구별되었다. 그리스의 학교는 인종, 본성, 출신 등과 같은 개인적 표지를 그에 상응하는 직업(농업, 상업, 학업)과 연결시키는 근본적인 고리를 끊었다. 물론 학교의 도입 초기부터 위계질서와 분류체계를 보호하는 이런 연결고리와 특권을 복권하려는 시도가 있었지만 말이다. 지금 우리가 특히 주목하는 학교를 학교이게 하는 주요한 역할은 이른바 자연적이라는 불평등한 질서를 학교가 지연시키는 데 있다. 이를 위해 학교는 비생산적인 시간, 즉 누군가에게는 출신 성분과 사회적 지위로 인해 요구할 수 없었던 시간인 자유시간을 부여했다. 학교는 사회(그리스어: polis 폴리스)와 가족(그리스어: oikos 오이코스)으로부터 분리된 시간과 공간을 마련한 것이다. 평등한 시간이라는 의미에서, 학교의 발명이란 자유시간의

민주화로 요약될 수 있다.[2]

민주화와 평등으로 인해, 특권층은 학교에 경멸과 적개심을 두었다. 사회의 불평등한 구조가 자연만물의 질서라는 비호 아래 지속되어야 한다고 주장하는 엘리트 집단에게 자유시간의 민주화는 눈엣가시일 수밖에 없다. 때문에 학교의 기원뿐 아니라 학교를 향한 증오 또한 고대 그리스에서 시작한다. 학교를 길들이려는 끊임없는 시도는 적어도 학교에 잠재된 혁신적이고 혁명적인 특성을 억제하려는 데 있다. 오늘날까지 각 가정과 사회, 정부 차원에서 '자유시간'으로서의 학교를 궁지에 몰아넣으려는 시도가 있는 것 같다. 예를 들어, 많은 이들은 학교가 가정의 확장판이어야 한다고 말한다. 그러니까 학교는 가정이 제공하는 양육과 더불어 제2의 양육 환경으로 가정을 보조해야 한다는 것이다. 학교가 반드시 사회적으로 기능해야 한다는 주장도 학교 길들이기의 다른 방식이다. 학교는 선발 과정에 의한 성과주의에 따라 노동시장을 보강하고 선한 시민을 길러 내야 한다. 추후 좀 더 논의 하겠지만, 이런 방식으로 스콜라스틱의 본질이 학교에서 전부 제거되는 일이 그동안 빈번하게 발생했고,

---

2. 같은 맥락에서 이소크라테스 논의는 특기할 만하다. 이소크라테스는 학교 발명에 중요한 역할을 한 인물이다. 그는 정치적·법리적 훈련에 국한되었던 수사학에 "시간의 선물"을 제공한 인물로 알려진다. "법정과 의회 밖에서, 수사학은 더 이상 긴박감에 제약받지 않았다. 제약이 없는 상태에서, 수사학은 고객의 이익에 따른 우발적인 요구에 기교적 온전성(artistic integrity: 예술적 통합)을 포기하지 않아도 됐다. Takis Poulakos(1997). *Speaking for the Polis. Isocrates' Rhetorical Education*. Columbia: University of South Carolina Press, p. 70.

앞으로도 계속해서 일어날 것이다.

우리는 학교의 기나긴 역사가 스콜라스틱의 본질을 강탈하려는 시도로 점철된 역사라고 생각한다. 학교를 없애려는 시도에는 1970년대 탈학교주의 운동가들이 인지하는 것보다 훨씬 더 오랜 역사가 있다. 학교를 향한 이런 공격은 학교가 부여하는 자유시간을 다시 한 번 생산적인 시간으로 바꾸고, 학교의 민주화와 평등의 기능을 막으려는 시도이다. 학교가 가정의 확장형이라든지, 생산적이거나 귀족주의적인 것, 성과주의적인 것이라고 하며 길들인 학교를, 진정한 의미의 학교와 혼동해서는 안 된다. 그 변별점이 자유시간이다. 우리가 오늘날 '학교'라고 부르는 것은 어떤 의미에서든 '탈학교화된de-schooled' 학교이다. 이에 우리는 (스콜라스틱 교육을 규명하여) 자유롭고 비생산적이며 규정되지 않은 시간이라는 독특한 형식을 지닌 '학교'의 의미를 지키고자 한다. 학교 밖의 시간으로서 집이나 노동시장에서의 시간은 종종 여러 방식으로 항상 채워져 있다occupied. 한편, 노동시간의 대응 개념이 되는 휴식시간은 학교의 자유시간과 다르다. 실제로, 휴식시간은 그 자체 생산적인 시간으로 변형되어 경제적 영역으로 언제든 환원될 원자재가 되어 버렸다. 따라서 휴식이란 종종 원기를 보충하여 추가적인 역량을 획득할 수 있도록 만드는 유용한 방식으로 이해된다. 직설적으로 말해서 여가 산업은 경제 부문에서 주요한 부분이다.

반면에, 학교는 시간이 구체화되고 공간화된 데서 시작한다. 학교에 가는 아이는 불평등한 사회경제적 질서, 즉 가정의 질서와 사회적 질서 전체에서 말 그대로 떨어져 나와 공평한 시간 안에 들어서는 것이다. 그리스의 학교는 이 시간에 구체적인 의미를 부여했는데, 이는 지식 전수나 능력 개발의 시간이 아니라 자유시간 속에서 아동이 자신의 사회적 지위를 벗어나 보게 되는 것이다. 이것이 바로 스콜라스틱 교육의 형식이다. 학교는 가정 혹은 가계의 질서(oikos, oiko-nomy: 가계질서, 경제)와 도시/정부 혹은 도시국가(polis, politics: 도시정치)의 분주한 시간에서 젊은 세대를 분리시킨다. 학교는 시간을 자유롭게 하기 위해 스콜라스틱 교육을 위한 내용과 시간, 공간을 조성하며, 이러한 학교 안에서 학생들은 사회적, 경제적, 정치적 질서와 이에 결부된 불평등한 지위를 말 그대로 넘어선다. 바로 이 자유시간이란 형식이 아네테의 자유 시민을 위한 학교와 우리 시대의 대학, 중등학교, 문법학교, 기술학교, 직업학교 같은 여타 잡다한 스콜라스틱 교육기관 사이를 잇는 연결고리이다.

학교의 형태에 관한 역사는 이쯤에서 마무리 짓도록 하고, 앞으로 우리는 학교의 특성과 기능에 관해서 좀 더 고찰할 것이다. 우리의 목표는 이상적인 학교상을 제시하는 것이 아니다. 다만 학교를 학교답게 하는 것, 그리하여 사회화 혹은 입문의 기능을 수행하는 여타 다른 학습 환경과 구별되는 점이 무엇인지 밝히고자 한다. 재차 말하지만, 이 글의 목표는 구시대의 학교기관을 지키려는 것이 아니라 앞으로의 학교를 위한 초석을 다지고자 하는 것이다.

1.

유예
혹은 자유로워지기, 분리하기, 괄호 사이에 두기

알람이 울린다. 시곗바늘이 돌아간다. 한 손에는 책가방을 쥐고 시리얼 한 그릇을 잽싸게 비운다. 지금부터 학교 시작종이 울리는 순간까지의 시간은 꽉 차 있다. 현관문을 닫고, 버스 정류장까지 뛰어간다. 겨우 제시간에 도착, 만원 버스에 올라 정류장을 하나둘 세어 보다 버스에서 내린다. 폭풍 전야 같은 고요함. 등굣길 친구들과 만나 함께 걸으며 간단히 인사를 나눈다. 학교는 새로운 세상에 들어가는 입구이다. 우리는 복도를 가로지르며 뛰지 않는다. 잠시 평화와 고요함이 지속된다. 교실은 조용한 공간이 아니다. 다만 조용해지는 공간이자, 그렇게 지시받은 곳이다. 수업종이 이를 알린다. 스미스 수학 선생님의 날카로운 어조는 기억력이 부족한 인간들, 그러니까 우리 모두를 구원하러 오셨다. 선생님은 늘 그랬듯 재미난 일화로 수업을 시작하신다. 오늘은 어느 수학 천재의 이야기다. 이런 일화로 우리 앞에 놓인 칠판에 들이닥칠 삼차함수의 충격을 완화하려 하시는 것 같다. 믿기지 않겠지만 진짜 이 방식이 통하긴 한다. 선생님이 이끄는 수학의 세계에 따라 들어가며, 나는 알려지길 원하는 낯선 것들의 세계 속에 있는 이방인 같다. 두 번째 방정식이 칠판에 적혀 있다. 연습문제. 문제를 푸는 시간이다. 누군가는 한숨을 쉰다. 모두들 문제를 풀기 시작한다. 자, 이제 그만! 누군가는 시간을 좀 더 달라고 감히 말해 본다. 선생님은 우리에게 시간을 좀 더 주신다. 나는 문제를 다 풀고 주위를 돌아본다. 스미스 선생님은 집에서도 선생님일지 문득 궁금하다. 선생님의 아이들, 선생님의 부인이 불쌍하다고 생각한다. 선생님은 진짜 직업이 있긴 할까? 자, 이제 그만!

입학 첫날 하면 떠오르는 것이 무엇인가? 부모들은 마지못해 아이들을 학교에 데려간다. 별일 없는지 학교 주위를 서성이다 아이들을 떠나보낸다. 어린아이들이 가족이란 둥지를 떠나며 들어서는 학교에는 문턱이 있다. 요즘에는 거의 정신적 충격을 경험하는 곳으로 이해된다. 학교의 문턱을 되도록 낮춰 줘야 한다는 요청도 있는데, 사실 이 문턱으로 인해서 완전한 '떠나보냄'이 가능한 것 아니겠는가? 이 문턱으로 인해서 어린아이들이 누군가의 아들, 딸이 아닌 존재로 새로운 세계에 들어설 수 있는 것이 아닌가? 그렇지 않으면 어떻게 그들이 가족과 집을 떠날 수 있을까? 간단히 말해, 학교는 사람들에게 한시적이나마 그들의 과거, 가족환경을 두고 떠날 기회를 마련한다. 그리고 이들은 다른 아이들과 동일하게 학생이 된다. 병원학교를 생각해 보자. 이곳에 있는 아이들은 환자라는 역할을 한시적이나마 중단한다. 병원학교의 교사들이 증언하듯, 위중한 병을 앓는 아동 환자의 마지막 날까지도 학교는 그 기능을 다한다. 병원학교는 변화시키는 힘이 있다. "밖에서야 환자이지, 우리 학교 안에서는 모두 학생입니다. '아픈 상태'라는 사실은 학교 밖에 두고 옵시다."[3] 학교의 역할은 아이들을 각종 요구나 일과로 가득 찬 아이들의 일상에서-병원학교의 경우는 질병이 될 수 있다-벗어나게 하는 것이다.

유예는 교사와 교육 내용에도 유사하게 적용된다. 사실 가르치는 일이 굉장한 직업은 아니며, 교사는 일정 정도는 사회 밖에서 비생산적인 일, 최소한 직접적인 생산성과는 관계되지 않는 세계에서 일한다. 생산성, 책무성, 그리고 휴가처럼 직업세계에서 요구하는 일반적인 것들이 교사라는 직업에는 잘 맞지 않는다. 교직에는 애초부터 일종의 면책, 면제 같은 것이 내포되어 있다고 말할 수도 있겠다. 교

---

3. 'Voortdoen met het normale, dat geeft deze kinderen kracht(일상을 유지하는 것이 아이들에게는 지탱할 힘이 됩니다)', De Morgen, 10 September 2011, p. 6(translated by J. McMartin).

사는 생산적인 세계의 주기를 따르지 않으며, 이는 학교에서 가르치는 지식과 기술도 마찬가지다. 물론 학교에서의 지식과 기술도 생산 세계에서 비롯된 것이므로 분명히 생산 세계와 연결점이 있지만, 생산의 세계와 반드시 일치하지는 않는다. 지식과 기술은 학교교육과정으로 들어와 교육 내용이 되면서 기존 세계의 활용 방식과 구별된다. 물론 학교에서도 지식과 기술의 적용이 언급되겠지만, 이는 교육 내용으로 다루어진 다음에나 가능하다. 적절한 활용 방식이 이미 정해진 사회 관습에서 분리되어 지식과 기술은 자유로워진다. 이렇게 보면, 교육 내용은 언제나 세계에서 분리된 지식과 기술로 구성되며, 학교에서 다루는 내용은 더 이상 특정 사회조직이나 세대에 속하지 않는다. 지식과 기술은 일반적으로 통용되는 방식에서 분리되어 자유로워졌다.

이것이 스콜라스틱 교육의 첫 번째 특성이다. 학교를 학교답게 하는 것은 유예이다. 가족, 직장, 스포츠클럽, 술집, 병원 같은 특정 장소와 공간을 규정하는 각종 요구 사항, 과업, 그리고 역할이 유예의 상황에서는 더 이상 기능하지 않는다. 그렇다고 이 모든 게 없어진다는 것은 아니다. 우리가 말하는 유예란, 한시적이나마 작동을 멈춘 상태로서inoperative 생산성 밖으로 나오는 것, 일상적 상황에서 풀려나 고양되는 것이다. 유예란 특정한 데 국한되었던 소유권이 풀려난다는 의미에서 탈사유화de-privatisation를 의미하며, 이는 곧 일과 사물의 목적이 하나에 고정되지 않다는 의미에서 탈전용화脫專用化,

de-appropriation라고 할 수 있다. 이러한 학교에서의 시간은 생산, 투자, 기능 혹은 휴식에 몰두하지 않는다. 그런 시간은 오히려 정지해 있다. 스콜라스틱 교육의 시간이란 자유로워진 시간이자 비생산적인 시간이라 하겠다.

단, 앞서 기술한 유예가 오늘날 교육현장에서 통용되고 있다는 것은 아니다. 현실은 그 반대이다. 사회문화적 배경에 따라 학생을 판단하는 것은 예사이고, 교사 또한 '진정한 전문성'이라는 틀에 따라 생산성이라는 요구에 부합하여 교육 내용을 구성해야 한다. 앞으로 좀 더 논의하겠지만, 이런 추세야말로 학교의 유예 기능에 대한 두려움에서 비롯된 것으로서 스콜라스틱 교육의 시간을 길들이려는 시도라 할 수 있다.

학교는 자유시간을 마련하기 위해서 유예라는 구체적인 방식으로 사회적 질서social order라는 부담을 덜어 내는 중요한 역할을 한다. 교실이나 운동장과 같은 특정한 방식으로 적게나마 그 가능성을 보이는데, 이때 학교는 가정이나, 사회, 혹은 노동시장이라는 시간과 공간 그리고 이를 떠받치는 법의 체계에서 문자 그대로 분리된다. 이 상태는 실물로서의 교실, 그 안에 있는 책상, 칠판, 작업대 배치 등 감각적으로 모든 상호작용을 촉진하는 방식뿐 아니라 각종 교육법 및 교구를 통해서도 가능하며 여기에서 교사는 아주 중요한 역할을 한다.

다니엘 페낙Daniel Pennac의 『학교의 슬픔』은 이 점을 잘 드러낸다. 저자는 교사가 학생을 지금-여기의 현재형으로 안내한다고 말한다. 물론 교사가 교실에서 '잘' 해내는 경우에 한하여 말이다.[4]

『학교의 슬픔』은 저자인 페낙 자신이 불운했던 학창 시절에 겪었던 일화를 담은 작품이다. 공부에 전혀 흥미가 없고, 아무런 동기부여가 되지 않았던, 말하자면 문제아였던 페낙은 프랑스 교외 지역의 학교에서 프랑스어 교사가 된다. 『학교의 슬픔』은 교사가 된 페낙이 자신이 재직하는 학교에서 학창 시절의 자신과 비슷한 유형의 학생들을 만나게 된 경험담을 그리고 있다. 페낙은 정밀한 관찰을 바탕으로 자신의 경험담을 통해 학생을 '자유롭게' 하는 데 필요한 학교와 교사의 역할이 무엇인지 논한다. 그것은 학생 개인의 (부족한) 능력과 적성에 따라 학생을 규정하여 부담 지우는 과거와, 존재하지도 않거나 미리 운명 지어진 미래로부터 분리시키는 것이다. 즉 아이들의 과거와 미래가 아이들에게 행사하는 영향을 한시적이나마 끊어버리는 것이다. 학교와 교사는 어린 학생들이 출신 배경, 지능, 재능 등의 특정 조건에서 벗어나 스스로를 돌이켜 보게 한다. 특수교육과정, 보충학습 등의 방식으로 학생들을 특정 장소에 배치하는 그런 조건을 돌이켜 보게 하는 것이다. 페낙은 이를 다음과 같이 기록한다. 교사는 매 수업 시간마다 수업종이 울리게 해야 한다. '난 아

4. 옮긴이 주: Daniel Pennac(2010). *School Blues*(S. Ardizzone, trans.). London: MacLehose Press(다니엘 페낙 지음, 『학교의 슬픔』, 윤정임 옮김, 문학동네, 2014). 본고에서 언급되는 다니엘 페낙의 『학교의 슬픔』은 기존에 번역된 내용을 인용하며, 국역본의 쪽수를 병기함.

무것도 할 수 없어', '이 모든 게 무슨 소용이야', '그런데 뭐 하러 해 봐?'라며 자신이 무능하다고 생각하는 환상에 갇혀 자신을 착각하는 학생들을 수업종으로 낚아채야 한다고 페낙은 말한다. 수업종은 정반대의 환상도 떨쳐 내게 한다. '난 이걸 해야만 해', '이게 원래 이런 거야', '이게 내 재능이야', '이게 나랑 잘 맞아'….

> 가르친다는 일은 아마도 그런 것일 게다. 마술적 사고와 결별하게 하고, 매번의 수업에서 기상 시간을 울려 주는 일.
>
> 아! 이런 발언이 요즘 **변두리**의 가장 골치 아픈 학급을 떠맡고 있는 선생님들을 얼마나 짜증 나게 할지 잘 안다. 사회적이고, 정치적이고, 경제적이고, 문화적이고, 가정사적인 그 모든 저해 요소를 돌아볼 때 이런 표현의 경박함이란… 하지만 마술적 사고는 열등생을 자신의 무능함 속에 악착같이 웅크리고 있게 하는 데 무시할 수 없는 역할을 한다. 그리고 그것은 오래전부터 어디서나 계속되어 왔다.[5]
>
> 우리의 '공부 못하는 학생들'(앞날이 **없다고** 여겨진 학생들)은 학교에 결코 홀로 오지 않는다. 교실에 들어서는 것

5. 다니엘 페낙 지음, 윤정임 옮김, 2014, pp. 208-209.

은 한 개의 양파다. 수치스러운 과거와 위협적인 현재와 선고받은 미래라는 바탕 위에 축적된 슬픔, 두려움, 걱정, 원한, 분노, 채워지지 않는 부러움, 광포한 포기, 이 모든 게 켜를 이루고 있는 양파. 저기 다가오는 학생들을 보라. **성장해 가는** 그들의 몸과 책가방을 가득 채우고 있는 무거운 짐들을. 수업은 그 짐이 땅바닥에 내려지고 양파 껍질이 벗겨져야만 진정으로 시작될 수 있다. 설명하긴 어렵지만, 단 하나의 시선, 호의적인 말 한마디, 믿음직한 어른의 말 한마디, 분명하고 안정적인 그 한마디면 충분히 그들의 슬픔을 녹여 내고 마음을 가볍게 하여, 그들의 **직설법 현재**에 빈틈없이 정착시킬 수 있다.

물론 그 호의는 일시적이며, 양파는 밖으로 나서는 순간 다시 겹을 두를 것이고, 당연히 내일 또다시 시작해야만 할 것이다. 하지만 가르친다는 게 바로 그런 것이다. 선생이라는 직업이 필연적으로 사라질 때까지 다시 시작하는 일.[6]

6. 다니엘 페낙 지음, 윤정임 옮김, 2014, pp. 81-82. 인용문에서 고딕체는 원저자가 강조한 것이며, 국역본에는 '직설법 현재'에 대한 설명이 각주로 보충되었다. "프랑스어는 직설법, 조건법, 접속법이라는 세 가지의 말하는 방식이 있다. 조건법과 접속법이 현실과는 다른 어떤 상황을 전제하는 반면, 직설법 현재는 있는 그대로의 상황에서 눈에 보이는 지금, 여기의 일을 직접 말하는 방식이다"(윤정임, 『학교의 슬픔』 옮긴이 주, p. 82).

이처럼 학교는 학생들이 사회적, 경제적, 문화적, 그리고 집안의 모든 규칙과 기대를 떨쳐 낼 수 있는 시간이자 공간이다. 학교를 학교답게 하는 것은 이러한 규칙이 학생에게 부여하는 부담을 유예하는 것이다. 유예란 개인을 가족과 집단이라는 특정 사회계급에 따라 나누는 규칙을 비롯하여, 공동주택 단지의 아동이나 여타 특정 환경에 속한 아동이 수학에 흥미가 없는 이유라든지, 직업교육을 받는 학생들은 페인트칠이나 한다든지, 제조업자의 아이는 대체로 요리수업을 안 받는 경향이 있다고 설명하는 방식에 대한 유예이다. 다만 학교의 유예 시간에 아이는 비로소 학생이 되고, 어른은 비로소 교사가 되며, 사회에서 필요한 지식과 기술은 교과 내용이 된다. 바로 유예와 자유시간을 통해서 스콜라스틱 교육은 평등과 관련하게 되는 것이다.

그렇지만 정해진 교육과정을 이수하거나 학생이 앞으로 필요한 지식과 기술을 모두 익힌다 하더라도, 학교는 모든 이가 동일한 지식과 기술을 습득하는 것을 보장하는 기관은 아니다. 학교가 자유시간을 확보하는 한에서, 한시적이나마 과거와 미래를 유예하거나 연기하는 데 성공하여 단선적인 시간을 깨뜨리는 한에서 학교는 평등하다. 단선적 시간이란 원인과 결과의 시간이다. '너는 이러이러하다, 때문에 너는 이것을 해야만 한다', '너는 이것을 할 수 있다, 때문에 너는 여기에 가야 한다', '인생에 이것이 필요할 것이다, 그렇기에 이것이 올바른 선택이며 이것이 적절한 교육 내용이다'. 이런 유의 시간과 논리를 넘어선다는 것은 바로 학교가 학생을 현재형, 즉 페낙이 말하는 '직설법 현재'로 끌어오는 것이다. 이는 학교가 과거라는 잠재적 부담과 촘촘하게 구상되어(혹은 이미 사라진) 의도된 미래라는 잠재적 압박에서 학생들을 자유롭게 하는 것이다.

학교의 유예는 단순히 과거와 미래의 시간을 한시적으로 단절하는 것에 그치지 않는다. 여기서 더 나아가 학교의 유예는 학교 밖의 공간에 즐비한 각종 기대와 요구, 역할과 의무를 제거한다. 이 점에서 스콜라스틱 교육의 공간은 고정되지 않고 열려 있다. 이는 과거와 현재를 잇는 전환점이나 통로도 아니고, 가정에서 사회로의 입문이나 사회화의 과정도 아니다. 학교는 일종의 순수 매체, 혹은 중간지대로서 목표 없는 방법이라고 할 수 있다. 즉 이동수단은 있는데 정해진 도착지는 없다. 큰 강을 수영하여 건너려는 이를 생각해 보자.[7] 그는 그저 단순히 강 이쪽에서 저쪽으로 건너려는 것처럼 보일 것이다. 그런데 이 말은 강 자체에는 아무런 의미가 없다는 점을 내포한다. 하늘을 나는 것같이, 강은 텅 빈 공간으로서 부피가 없다. 그는 결국 강 저편에 도달한다. 이때 중요한 것은 강둑 이편과 저편 사이에 놓인 공간, 모든 방향으로 향하는 중간지대이다. 이 중간지대는 방향도 목적도 없으나 이 모든 걸 가능하게 한다. 학교를 다른 말로 하자면, 교사가 학생을 현재로 끌어들이는 중간지대일 것이다.

---

7. Michel Serres(1997). *The Troubadour of Knowledge*(S. F. Glaser & W. Paulson, trans.). Ann Arbor: The University of Michigan Press.

2.

세속화

혹은 가능하게 만들기, 공공재 되기

거의 반쯤 분해된 차들이 엔진과 함께 박물관에 있는 것처럼 널려 있다. 그러나 이곳은 자동차 박물관이 아니다. 이곳은 아틀리에, 작업장이다. 일종의 정비소이지만 참을성 없는 문제적 손님은 없다. 이곳에 널려 있는 부품에는 주인이 없으며, 그냥 거기에 있을 뿐이다, 모두를 위해서. 비록 여기에 있는 부품이 최신형 엔진은 아니지만 최소한으로 갖출 건 다 갖추었다. 온전한 의미의 조립과 분해. 정비나 수리도 어느 정도는 가능하다. 우리는 값을 흥정하지 않는다. 일단 지금, 여기서는 아니다. 모든 건 일종의 노하우와 충분한 통찰을 바탕으로 세밀하고 완벽하게 처리되어야 한다. 이 통찰은 기계적 통찰이 아니다. 기계에 대한, 전자기기에 대한 통찰이다. 불필요한 부품이 모두 제거된 엔진은 이제야 비로소 그 통찰을 내어 줄 준비가 된 것 같

> 다. 마치 미술 선생님 곁에 모여든 학생들에 둘러싸인 누드 모델같이 말이다. 마치 연구되길, 감탄받길 바라는 대상인 것 같다. 물론 조심스러운 분해와 복구 작업이 필요하다. 그런 기술은 교사가 원하는 게 아니라, 바로 엔진 자체가 원한다. 마치 전시된 엔진이 자신을 희생하여 필요한 기술이 숙련되길 바라는 것 같다. 그들은 시간을 만든다, 시간을 부여한다. 그리고 교사는 학생이 그것을 사용할 수 있게끔 한다. 연습하기 위해, 눈과, 손과 마음을 다한다. 숙련된 기술, 안목, 그리고 한데 집중된 마음으로 기계학 수업이 이루어진다. 딱 맞지만, 다행히도 딱히 맞는 것도 아니다. 만약 그랬다면 더 이상의 학문과 연습의 시간이 필요치 않을 테고 실수나 새로운 통찰을 위한 시간도 없을 테니 말이다.

간단한 예시로 칠판과 책상을 생각해 보자. 물론 대부분의 사람들에게 칠판과 책상은 전통적 교육의 전형적인 유물이다. 젊은이를 훈육하는 무기이자 순수 지식 전수의 전당, 권위적인 교사의 상징 말이다. 종종 그렇게 쓰였다는 점엔 두말할 것도 없다. 하지만 이것 또한 본질적으로 학교가 무엇인지 말하고 있지 않은가? 칠판은 학생들에게 세계를 열어 주고 학생은 실제로 그 옆에 앉아 있다. 교사의 말과 행동 그리고 이 존재 자체가 바깥 세계의 무언가를 교실 안으로 불러들인다. 그냥 유익한 정보이기만 한 것이 아니라 여기에 활기를 불어넣는다. 학생은 꼼짝없이 보고 듣게 되는 방식으로 말이다. 물론 드문 경우지만 이런 마법 같은 순간이 항상 있다. 말하자면, 교사와 학생이 교육 내용 그 자체에 휩쓸리는 경우 말이다. 우선 이 말은 사회가 어떻게든 교실 밖에 놓여 있다는 의미이다. 교실 문이 닫히면, 교사는 학생들을 침묵하고 집중하게 만든다.[8] 그런 다음 그 안에서 다음의 일들이 일어난다. 칠판에는 도형이, 책상 위에는 책이, 그리고 단어는 소리 내어 읽힌다. 학생은 자기만의 세계 밖으로 끌려 나와, 여기 새로운 세계에 들어가게 된다. 즉, 사물의 자유화, 무력화가 유예의 한 면이라면, 다른 면에는 긍정적인 변화가 있다. 현재형으로서의 학교, 중간지대로서의 학교는 가능성과 자유를 위한 시간과 공간이다. 이를 대변하는 용어로 세속화라는 표현을 소개하고자 한다.[9]

세속화된 시간과 공간과 더불어 세속화된 사물이란 일상의 사용에서 분리된 것을 일컫는다. 즉 더 이상 신성하지 않은, 혹은 고유한 의미에 전유되지 않는 것이다. 그리하여 모든 것을 접해 보면서 의미

---

8. Cornelissen, G.(2010). The public role of teaching: To keep the door closed. In M. Simons& J. Masschelein(eds.), *Rancière, Public Education and the Taming of Democracy*(pp. 15-30). Oxford: Wiley-Blackwell.

9. 아감벤이 철학적으로 논의한 이 용어를 우리는 교육적 목적으로 활용하고자 한다. Giorgio Agamben(2007). *Profanations*(J. Fort, trans.). New York: Zone Books(조르주 아감벤 지음, 『세속화 예찬-정치미학을 위한 10개의 노트』, 김상운 옮김, 난장, 2010).

를 부여하고 또 부여받게 되는 것이다. 즉 비종교적이고 일반적인 의미에서 뭔가 훼손된 것, 기존의 의미가 몰수된 것을 의미한다. 달리 표현하자면, 그리하여 그것이 공공의 것이 되는 것이다. 한 사회 안에서 특정한 기능을 하는 지식과 기술이 자유로워져, 공적인 활용이 가능해진다. 이전 세대에게 생산적인 시간으로 통용된 지식과 기술, 그러나 젊은 세대에게는 아직 전유되지 못한 그것이, 세속화의 방식으로 적극 유예된다. 교과 내용은 이렇게 세속화되며 그리하여 공적이 되는 것이 중요하다. 이를 통해 젊은 세대는 자기 자신을 새로운 세대로서 경험할 기회를 갖게 되는 것이다. 즉 자유롭고 새로운 활용이 가능하게 된다는 점에서 공적이다.

전형적인 스콜라스틱 교육의 경험, 즉 학교를 통해 가능하게 된 경험은 바로 자유롭게 새로운 활용을 할 수 있도록 만들어진 공적인 것과 마주하는 것이다. 말하자면, 바깥세상에 있던 수학 증명이 칠판에 불려 와 모두가 볼 수 있도록 만든 상태와도 같다. 책상 위에 있는 교과서도 마찬가지다. 일반적인 비판과 달리, 칠판과 책상은 그저 젊은이를 훈육하는 그런 도구가 아니다. 오히려 사물을 일상의 활용에서 분리하여 자유롭게 함으로써 사물 그 자체로 드러나게 하는 것이다. 바로 이 점에서 학교는 항상 지식 그 자체를 위한 지식을 의미하며, 우리는 이것을 '공부하다study'라고 말한다. 수학의 언어가 그 자체로 온전히 교실에 들어선다. 이때 수학의 사회적인 역할은 유예되고 수학은 온전히 공부할 내용이 된다. 마찬가지로, 기술 그 자체를 위한 기술을 일컬어 우리는 '연습하다practice'라고 말한다. 즉 학교는 공부하고 연습하기 위한 시간이자 공간이다. 스콜라스틱 교육의 활동이란 그 자체로 의미와 가치가 있다.

그렇다고 학교가 상아탑이나 고립된 섬같이 사회 밖에 존재하는 시간과 공간이라는 말은 아니다. 학교 안에서 매일 다루어지는 내용은 사회에서 온 것이다. 다만 한시적인 유예와 세속화를 통해서 간단하지만 심오한 방식으로 조금씩 변형된다. 수학 그 자체를 위하여, 수학에 집중한다. 언어 그 자체를 위하여, 요리 그 자체를 위하여, 목공작업 그 자체를 위하여 그 일에 집중한다. 자, 이런 식으로 평균을 구하는 것이고, 이렇게 영어 활용형을 만드는 것이고, 이렇게 수프를 만들고, 문짝을 만드는 거야…. 이 모든 것은 당장에 성취될 목적과는 거리가 멀다. 당장에 성취될 목적이란, 예를 들어, 예상 이율의 평균을 구해서 고객에게 알려야 하는 상황, 집주인에게 항의 메일을 보내기 위해 정확한 문법을 써야 하는 상황, 7번 테이블에 내놓을 수프를 만드는 상황, 볼드윈 스트리트에 있는 집에 설치할 문짝을 만드는 상황 같은 것이다. 이 모든 상황은 교실 안에서도 분명히 언급될 테지만, 그것은 연습이자 공부의 내용으로 다루어질 뿐이다. 각각의 상황에도 학교의 섭리는 한 가지, 바로 '일반적인' 시간을 관통하는 이 모든 기술이나 지식, 추론이나 목표가 적극적으로 유예된다는 것이다.

페낙이 지속적으로 언급했듯이, 스콜라스틱 교육의 시간, 즉 자유시간이란 학교에 있는 책상 위에 항상 무언가가 올려져 있다는 데서 출발한다. 이 점이 중요하다. 페낙이 말하듯, 학교는 개별적 요구에 들어맞는 곳이 아니다. 그것은 교육 내용의 바깥 영역이다. 학교는 수업 시간에 자리에 앉아 무언가를 다루면서 시작한다. 우리는 교육 내용 그 자체에, 주어진 교육 내용을 연습하면서 우리 앞에 놓인 게임의 규칙에 자기 자신을 한정 지어야 한다고 페낙은 말한다. 바로 이렇게, 사회에 있던 것이 놀이가 되며, 놀이에 활용된다. 이는 학교가 라틴어로 게임, 놀이를 의미하는 루두스(Ludus, 유희)라는 점과 관련한다. 즉 학교는 실제로 사회의 놀이터이다. 학교의 일이란 바로 무언가를 놀이 속에 끌어들이고 놀이로 만드는 것이다.

그렇다고 학교가 진지하지 못하거나 규칙이 전혀 없다는 것은 아니며, 오히려 정반대이다. 사회 질서나 법에서 비롯된 것이 아닐 뿐이지, 진지함이나 규칙 같은 것은 세계 안에 있는 사물 자체에서 비롯된다. 그러니까 텍스트, 수학적 표현, 서류철이나 톱질 같은 행위 하나하나가 이런저런 면에서 유익하다. 결과적으로, 문장을 공부할 때에는 나름의 규칙과 훈련이 필요하며, 작문이나 목공에 열중할 때에도 마찬가지다. 이때 중요한 점은 바로 이렇게 무언가를 놀이로 바꾸는 것, 그리하여 자유롭고 새로운 활용이 가능해진다는 것이다. 책상 위에 오른 사물, 즉 텍스트나 어떤 행동 같은 것이 제시되면, 이때부터 이들은 사회 내의 기능과 의미로부터 분리된다. 그리하여 집이나 사회, 학교 밖에서는 적절하게 여겨지는 활용 방식과 무관하게, 공부하거나 연습하기 위한 대상 그 자체로 드러나게 된다. 공부와 연습의 대상이 된다는 것은 각별한 주의가 요구되는데, 바로 우리로 하여금 탐구하고, 집중하게 만든다. 어떻게 활용될 수 있는지와 무관하게 말이다.

학교가 사회의 놀이터라는 것은 자명하다. 노동의 세계에 속한 활동이 학교라는 공간에 들어서는 순간 생산과 무관해진다. 자동차 엔진을 수리하는 기술교육과 창틀을 제작하는 직업교육에서 이루어지는 활동은 그 자체로 가치가 있지만 삶의 생산적 기능에 직결되는 활동은 아니다. 이 자동차는 배송될 필요가 없으며 이 창문도 판매용은 아니다. 학교에서의 모든 노동이 '진짜가 아닌 곳'에서 다만 연습의 대상으로 전환되었다. 연습 그 자체를 위해 하는 일이지만, 게임과 같이 여전히 규칙은 따라야 한다. 물론 오늘날과 같이 극사실주의 학습 공간이 규범이 되고, 역량 기반 교육이 학교가 나아가야 할 새로운 방향으로 환영받는 시대에, 학교에서 일어나는 일은 종종 '진짜가 아니'라거나 '현실적이지 않다'고 비판받는다. 실제로 거래trade하는 방법은 학교 밖에서 더 잘 배운다고도 말한다. 그러니까 우리에게 필요한 것은 학생이 아니라 견습생apprentice이라는 것이다. 거래 방법을 학습하려면 모름지기 거래가 실제로 이루어지는 생산의 세계와 직접적이고 즉각적인 관련을 가져야 한다는 주장이다. 그러나 학생과 견습생에는 상당한 차이가 있으며 학교는 도제식 훈련장이 아니다. 스콜라스틱 교육의 형태에서만 가능한 공부하고 연습하는 일에 주목해야 한다. 학교는 텍스트나, 자동차 엔진, 목공과 관련된 특정 기술 같은 것들이 현실세계의 쓰임에서 분리해 내는 공간이자 가정 및 사회에서 통용되는 의미와 기능에서 떨어져 나온 공간이다. 그리하여 이렇게 놀이로 끌어내는 것, 교육 내용의 대상으로 바꾸는 것은 공부와 연습의 대상으로 파고들기 위함이다. 이렇게 놀이로 바꾸는 것, 즉 본래의 쓰임에서 분리하는 것이 학교라는 이해하기 위한 첫 번째 전제 조건임을 우리는 논의할 것이다. 이 단계에서 아동과 젊은이는 무언가를 문자 그대로 새롭게 시작한다. 그에 앞서, 세속화와 유예가 세계를 열어 보이는 방식에 대해 좀 더 논하고자 한다. 이는 동기motivation보다는, 흥미interest와 집중attention을 통해서 가능한 것이다.

3.

세계와 집중

혹은 세계를 열어 보이기, 흥미 유발하기, 삶으로 이끌기, 형성하기

아이는 여기에 나온 동물들을 전에도 본 적 있다. 그중에는 이름을 아는 것도 있다. 집에 돌아다니는 개, 고양이는 물론이고 새도 안다. 아이는 작은 새와 참새도 구별할 수 있고, 까마귀와 찌르레기새도 구별할 줄 안다. 물론 가축 이름도 다 안다. 뭘 더 생각해 보지는 않았다. 그저 그렇게 알 뿐이다. 또래 아이들도 그 정도는 다 알았다. 그것은 상식이었다. 방금 전까지만 해도 말이다. 수업은 특별할 것 없는 프린트 자료로 구성되었다. 사진도, 영화도 없다. 그런데 이 멋진 자료가 교실을 동물원으로 바꾸어 놓았다. 새장이나 빗장만 없을 뿐. 그리고 선생님께서 집중하라고 말씀하신다. 수업 자료가 우리에게 말을 걸도록 말이다. 새는 부리가 있다. 부리에는 모양이 있다. 각각의 부리 모양은 새의 먹이에 대해 말하고 있다. 벌레 먹는 새, 씨앗 먹는 새, 물고기 먹는 새… 아이는 동물의 왕국에 들어섰다. 이 모든 게 실제가 되었다. 이전엔 당연했던 것이 한순간 낯선 것, 흥미로운 것이 되었다. 새들이 다시 말하기 시작했고, 이제 아이는 문득 그것에 대해 새로운 방식으로 말할 수 있게 되었다. "어떤 새는 이주하고, 다른 새는 그냥 있어요. 키위새(무익조, 無翼鳥)는 뉴질랜드에 살아요, 그런데 날지 않아요. 새는 멸종할 수도 있어요"라고. 아이는 도도새에 대해서 알게 되었다. 도도새는 굳게 문이 닫힌 교실 안 아이의 책상 위에 앉아 있다. 아이가 전혀 몰랐던 세계이다. 아이가 지금까지 관심을 두지 않았던 세계이다. 아마도 무無에서 불현듯 나타난 것 같다. 마치 인쇄라는 마법으로 소환된 것 같다. 매혹적인 목소리를 가지고 말이다. 아이는 뭐가 그렇게 놀라운지도 잘 몰랐다. 새로운 세계가 드러난 것이 놀라운 것인지, 그 자신 커져 가는 흥미가 놀라운 것인지. 별로 중요한 문제는 아니다. 집으로 가는 길, 뭔가 변했다. 아이가 변했다.

학교는 지속적으로 세계와 너무도 동떨어져서 사회가 중요시하는 것을 다루지 못한다는 비판을 받는다. 학교는 쓸데없고 낡은 지식과 기술을 가지고 씨름하고 있으며, 교사들은 학술적인 언어와 세세한 것에 지나치게 몰두하고 있다는 비난이다. 이에 대해 우리는 세속화와 유예가 기여하는 것이 무엇인지 논하고자 한다. 그것은 바로 학교에서 새로운 세계가 열린다는 것이다. 이는 개별적 학습 요구이나 재능에 관한 것이 아니라 실제로 열리고 있는 세계에 관한 것이다. 물론 비판론자들에게 세계란 응용 가능성, 유용성, 관련성, 구체성, 역량, 산출의 공간으로서 '세계'를 달리 이해한다. 그들에게 '사회', '문화', 혹은 '노동시장'은 이 세계의 궁극적인 초석이며, 또 그래야만 한다고 생각한다. 그런데 그런 것은 그저 허구일 뿐이다. 소위 말하는 '빠르게 변화하는 사회'는 고사하더라도, '사회'라는 것이 기대하는 것이 무엇인지, 혹은 무엇이 진정 유용한지, 제대로 알고는 있는 걸까? 요즘 유행한다는 역량 리스트는 망상이 아니면 무엇이란 말인가? 이 망상은 현실과의 구체적인 연결고리를 모두 잃었다. 실질적인 관련성이라든가 유용성을 강조하는 것은 실상 청소년을 대상으로 한 뿌리 깊은 허세, 허위와 기만이 아니고 무엇이란 말인가? 물론 사회나 노동시장에서 역량이나 실천이란 것이 전혀 무의미하다는 것도 아니고 또 사회에서는 이것이 사용설명서나 지시사항에 포함된다 하더라도, 학교가 하는 일은 다르다. 학교는 사회와 분리되어 있지는 않지만, 그 안에서 독특한 역할을 한다. 스콜라스틱 교육으로서 학교는 세속화와 유예의 공간이며 그 안에서 세계가 열린다.

파스칼 메르시어Pascal Mercier가 쓴 철학소설, 『리스본행 야간열차』에서 교사로 등장하는 주인공 그레고리우스는 자신의 그리스어

선생님을 다음과 같이 회상한다. 여기서 그가 기록하는 것은 비단 언어 교사뿐 아니라 수학이나 지리 교과 혹은 목공 수업 교사 모두에게 해당한다.

> 그날 오후의 첫 수업은 그리스어였다. 지금 교장인 캐기의 전임자였던 교장이 수업을 했다. 그의 그리스어 필체는 인간의 상상력이 미치는 한 가장 아름다웠다. 그는 문자 그대로 철자를 그렸는데, 특히 둥근 부분인 오메가(ω)나 테타(θ), 그리고 아래로 길게 내린 에타(η)는 한 폭의 그림처럼 완벽한 서예였다. 교장은 그리스어를 사랑했다. 하지만 잘못된 방식으로 사랑하지. 교실 뒷자리에 앉아 있던 그레고리우스는 이렇게 생각하곤 했다. 교장이 그리스어를 사랑한 것은 허영심의 발로였다. 그는 단어 자체를 사랑하는 것이 아니었다. 만일 그랬더라면 그레고리우스도 좋아했을 것이다. 쓰이는 경우가 지극히 드물거나 어려운 동사 형태를 노련하게 쓰면서 교장이 사랑한 것은 '단어'가 아니라 그렇게 할 능력이 있는 그 '자신'이었다. 단어들은 그를 꾸미는 장신구였고, 그가 늘 매고 다니는 나비넥타이와 비슷한 존재였다. 그가 글씨를 쓸 때마다 단어들은 인장반지를 낀 손가락 사이로 흘러내렸다. 단어들도 반지로 변해 버리는 듯했다. 허영심이 가득한, 그래서 필요 없는 보석… 그

러면 그 단어들은 더 이상 그리스어가 아니었다. 인장반지에서 떨어지는 금가루는 단어들이 지닌 그리스적인 본질, 단어 자체를 사랑하는 사람들만이 알 수 있는 본질을 해체했다. 교장에게 시는 값비싼 가구나 고급 와인, 멋진 만찬용 양복과 마찬가지였다. 그레고리우스는 교장이 자기만족 때문에 아이스킬로스나 소포클레스의 시 구절들을 훔친다고 생각했다. 교장은 그리스 연극에 대해서도 잘 모르는 듯했다. 아니, 알고는 있었다. 그는 자주 연극을 보러 갔고, 수학여행단을 이끌고 떠났다가 살갗을 갈색으로 그을려 돌아오곤 했다. 그레고리우스는 자기 말의 의미를 정확하게 설명할 수 없었다. 하지만 그가 판단하기에 교장은 연극을 제대로 이해하지 못했다.[10]

이 대목은 여러모로 의미심장하다. 이 부분에 대해서 곧 논할 것이지만, 우선 이 대목은 학교가 학교로서 그 소임을 다할 때 어떤 일이 벌어지는지, 그리고 교사의 자만과 이기적인 욕심으로 인해 무엇이 상실되는지 보여 준다. 여기서 부정의 추론이 가능한데, 무언가는 실제가 되어 그 자체로 존재하게 될 수 있다는 것이다. 그리스

10. Pascal Mercier(2007). *Night Train to Lisbon*(B. Harshav, trans.). London: Atlantic Books, pp. 39-40(파스칼 메르시어 지음, 『리스본행 야간열차』, 전은경 옮김, 들녘, 2014, pp. 56-57).

단어는 실제로 그리스 단어가 된다. 이 표현은 단어의 유용성이라는 측면에선 즉각 이해될 수 없겠지만, 그렇다고 해서 "장신구" 같은 잉여분이란 것도 아니다. 이 단어는 그 자체로 존재하게 된다. 특별히 뭘 하지는 않지만 그 자체로 중요하다. 언어는 진짜 언어가 된다. 언어 그 자체가 된다는 것은, 말하자면 목공 시간에 목재가 진짜 목재가 되는 것이나 수학 시간에 숫자가 진짜 숫자가 되는 것과 같다. 이런 것들이 우리 삶에 실제로 한 부분이 되고, 그 자체로 흥미를 자아내어 우리를 '형성'하기 시작한다. 네덜란드어로 '교육Vorminig' 이란 개념이 바로 이것이다. 예시에서 명확히 드러나듯, 이 형성적 사건에는 교실이나 교사뿐 아니라 사랑의 문제도 관여한다. 이 부분은 추후 논의하겠다.

그래서 우리는 학교에서의 형성을 실제 교과 수업 외적 영역에서 일어난다든가 이런저런 교육활동에서 다루어질 가치 정도의 부수적인 활동으로 여기지 않는다. 형성이란 세계에 학생을 정초시키는 일이며, 이때 세계는 교과 내용 안에서, 교과목 안에 존재한다. 정초한다는 것은 우선 세계에 대한 집중과 흥미로 세계와 관련된 자기 자신에 대한 집중과 흥미이기도 하다. 자신의 교사를 떠올리면서, 페낙은 수업의 바로 이 부분을 강조했다.

> 단지 이 세 선생님이 자기 과목을 전해 주려는 열정에 빠져 있었다는 것만 알 뿐이다. 선생님들은 그런 열정으로

무장하고서 낙담의 구렁텅이에 있는 나를 찾아왔고, 일단 내 두 발을 자신들의 수업에 굳건히 딛게 하고서야 나를 놓아주었다. 그들의 수업은 내 인생의 전前 단계가 되었다. … 익사 위기에서 구해 내려는 그 몸짓의 이미지, 자살하려는 몸짓을 보이는데도 불구하고 저 위로 나를 끌어올리려는 그 손목, 내 옷자락을 단단히 움켜쥔 살아 있는 손의 생생한 이미지, 이런 것들이 바로 그분들을 생각할 때마다 맨 처음 떠오르는 모습이다. 그들의 현존 안에서-그들의 과목 안에서-나는 나 자신의 모습에 눈을 떴다. 수학자인 나, 역사가인 나, 철학자인 나로. 그러한 나는 이 스승들을 만날 때까지 진정으로 여기 있다는 느낌을 방해했던 나를 한 시간 동안 잠시 있고, 나를 괄호 속에 집어넣고, 나로부터 나를 치워 버렸다.[11]

여기에 '낙담하는 나'는 세계와 마주하면서 유예된다. 혹은 고양되거나, 괄호 속에 넣어졌다. 그리하여 세계와의 관련 속에서 새로운 '나'가 모양을 갖추어 형성된다. 이러한 변형transformation이야말로 우리가 말하고자 하는 형성formation이다. 여기 새로운 '나'는 우선적으로 경험적 나이다. 나는 무언가에 노출되었고 집중한다. 형성

---

11. 다니엘 페낙 지음(윤정임 옮김, 2014, pp. 322-324), Daniel Pennac, pp. 224-225.

은 학습과 명백히 구별되어야 한다. 일반적으로 학교에서는 형성이 곧 학습이다. 하지만 학습은 기존의 '나'를 강화하거나 확장하는 것이다. 기술을 쌓거나 지식을 확충하는 식으로, 학습은 기존 삶의 세계를 확장하거나 추가하는 것이다. 자아의 확장이나 강화, 그리하여 개발되는 정체성과 같이 학습의 과정은 내면으로 향한다.

반면에 형성은 시작부터 '나' 그리고 내 삶의 세계가 지속적으로 불려 나온다. 형성은 계속해서 자기 밖으로 나가는 것이자 자신을 넘어서는 것, 즉 자신의 세계 밖으로 벗어나는 것이다. 형성은 연습과 학문을 통한 외향적 변화로서 정체성의 혼란을 수반한다.[12] 형성의 과정에 있는 것이 바로 '나'이기 때문에, 학습과 달리 형성 과정에서 '나'는 기존에 습득한 지식에 무엇을 더 추가하는 게 아니다. 학생으로서 '나'는 유예되어 분리되어 괄호 속에 놓인 나 혹은 세속화된 나로서, 이제 '나'는 형성될 수 있으며 특정한 형태와 모양이 부여될 수 있다.

이렇게 학교는 학생에게 세계를 열어 보인다. 즉 수업 시간에 다루는 그리스어나 목공예 목재가 우리 세계의 일부가 되어 세계를 형성하고 알린다((in)form the world). '세계를 알린다(inform)'는 말에는 두 가지 의미가 있다. 학교에서 다루는 교육 내용은 우리 세계의 일부가 되어 공유거리가 된다. 기존의 세계에 함께 공유할 거리

---

12. Peter Sloterdijk(2013). *You must change your life*(W. Hoban, trans.). Cambridge: Polity Press, pp. 187-188.

를 알리면서 이 세계는 추가되고 확장한다. 학교에서 다루는 내용이 세계의 일부가 된다는 것은 지식의 대상이 된다는 말과 다르다. 세계가 형성된다는 것은 기존의 지식에 무언가를 추가하는 식이 아니며, 다만 형성되는 세계 안에 우리 자신이 이미 포함되어 있고, 우리가 그 사건에 흥미를 가지며 이미 녹아 있다는 것이다. 형성되는 세계는 우리 '사이에 존재'하기 때문에(inter-esse),[13] 누구의 소유물도 아니며 다만 모두가 함께 나누는 것이다. 이렇게 형성된 우리 사이에 존재하는 세계는 더 이상 무생물의 대상이 아니라 살아 있는 실체이다.

바로 이 점이 다르덴 형제the brothers Dardenne 감독의 영화 〈아들The Son〉에 잘 나타나 있다. 주인공 올리비에는 아주 '평범한' 교사여서 그레고리우스가 묘사한 교사와는 거의 정반대이다. 그는 자신의 목공 수업에서 무기력한 문제아 학생에게 흥미를 불어넣는다. 그 학생은 살인죄로 유죄 선고를 받은 소년범으로 언젠가 사회에 나갈 날을 대비해 기술을 배워 둘 심산으로 이 수업에 참여한 것이다. 이 수업에서 목재는 단순히 진열장이나 의자를 만들기 위한 재료가 아니다. 불을 때기 위한 땔감도 아니고, 그런 식으로 나중에 그를 어

13. 옮긴이 주: 저자의 의도를 반영하여 라틴어 Inter-esse를 사이에 있는 것으로 번역하였다. 라틴어로 Inter는 가운데에(between), esse는 존재, 실재(exist)를 의미한다. 흥미(interest)를 강조하는 부분에서 흥미를 가지게 되는 사물을 두고 우리는 사이에 있음을 발견한다. 이렇게 공유한다는 것, 공동의 것을 구성한다는 측면에서 사이에 있음으로 번역하고자 한다.

딘가로 이끌어 줄 직업으로 안내하는 것도 아니다. 설령 언젠간 그렇지라도 일단 지금은 아니다. 앞서 언급했듯이, 목재는 제자리에서 이미 떨어져 나왔다. 그러자 목재는 그 자체로 진짜 목재가 되어 학생의 세계에 큰 의미가 되었다. 목재가 그의 세계에 포함되기 시작하면서, 그의 흥미를 불러일으키고 그를 몰두시킨다. 목재는 그의 무엇을 형성하여 바꾸기 시작했다. 그의 삶의 방식이 바뀌면서 세계가 그에게 실제로 나타나 그는 그 세계와 함께 새롭게 되었다. 세계를 열어 보인다는 것은 세계를 알게 된다는 것뿐 아니라 특정한 방식으로 규정된 기존의 닫힌 세계를 새롭게 열어 보는 것이기도 하다. 이제 세계는 그 자체로 열려 자유롭게 되어 흥미로운 것으로 공유되거나 공유될 만해졌다. 세계는 공부와 연습의 대상이 되었다.

스콜라스틱 교육이 세계를 열어 보이는 것과 관련된다면, 이때 중요한 것은 동기motivation보다는 집중attention이다. 학교는 우리가 사물에 각별히 관심을 가지고 주의를 기울이는 시간이자 공간으로서, 무언가에 집중하게 만든다. 교사, 교훈, 그리고 학교건축을 통해 학교는 세계를 향해 주의를 집중할 수 있도록 새로운 세대를 가르친다. 학교는 우리를 집중하게 하고 사물은 실제가 되도록 만든다. 사적인 용도나 제자리에서 분리된 사물은 우리에게 말하기 시작한다. 즉 사물이 작동한다(역동-적이다, act-ive). 사물이 도구나 자원이 아닌 실제가 되어 작동하는 이 순간은 우리 밖에 있는 것이 우리를 생각하게 이끌고, 때로는 머리를 긁적이게 만드는 마법 같은 순간이다. 실제가 된 사물은 우리를 생각하게 하며 공부하고 연습하게 만든다. 아래는 이와 관련하여 페낙이 기술한 부분으로, 이 순간은 말 그대로 사건이다.

> 자신의 과목을 전달하는 데에서 그들은 예술가였다. 수업은 물론 소통 행위였지만, 그것은 거의 자발적인 창조로 통할 만큼 숙달된 지식의 소통이었다. 어찌나 편안하게 수업을 했던지 우리는 매시간의 수업 자체를 하나의 사건처럼 기억할 수 있었다. 지 선생님은 역사를 부활시켰고, 발 선생님은 수학을 재발견했으며, 소크라테스는 S선생님의 입을 통해 표현되었다! 수학 공식, 평화조약, 철학 개념 같은 것들이 마치 바로 그날 만들어진 것처럼 기념비적인 수업을 해 주었다. 그분들은 가르치면서 사건을 창조했던 것이다.[14]

이 '사건'은 우리를 생각하게 만드는 일이자 흥미를 불러일으키는 일이고, 무언가를 실제이자 의미 있는 것으로 만드는 일이자 중요한 일로 만든다. 수학 증명이나 소설도, 바이러스나 염색체도, 목재나 엔진까지 이 모든 것들이 의미 있고 흥미롭게 보이기 시작한다. 이것

---

14. 다니엘 페낙 지음(윤정임 옮김, 2014, pp. 324-325), Daniel Pennac, pp. 225-226.

이 학교의 마법 같은 사건이자 움직임이다. 실제 움직임을 의미하는 라틴어 movere는 개인의 결정이나 선택, 동기부여와는 관계가 없다. 동기부여가 개인적이고 정신적인 사안이라면, 흥미는 흥미를 불러일으키는 대상이 항상 우리 자신 밖에 있다. 무언가 다가와 우리를 움직이게 한다. 우리를 공부하고, 생각하며 연습하게 만드는 이것은 우리를, 우리 자신을 넘어서게 한다. '사이에 존재'하는 시간이자 공간으로서 학교는 우리 사이에 놓인 세계를 공유하게 만든다. 진정한 의미의 소통이자 공동의 것commun-ication이 가능해지는 순간에 학생은 더 이상 자신이 원하는 것을 얻기 위해 어디에 시간과 공을 들여야 할지 선택하는 개인이 아닌, 자신 앞에 드러난 세계 안에서 흥미를 갖도록 안내받는 학생이 된다. 사이에 존재inter-esse하는 세계가 없다면, 흥미interest도, 집중attention도 있을 수 없다.

4.

테크놀로지

혹은 연습하기, 공부하기, 그리고 훈육

나는 종종 책상에 몸을 끌어당겨야만 했다. 숙제도 그렇고 이런저런 일이 책상에서 날 기다리고 있었다. 이런 일들은 항상 나를 재촉한다. 이 모든 고생의 원천이다. 억지로라도 공부하려고 노력해 봤다. 어떤 때는 지옥을 소환하거나 천국을 그려 보며 나 자신을 유혹해 보기도 했다. 그러나 이런 내적 대화가 항상 성공적이지는 않았다. 나도 내 약점을 잘 알고 있었다. 정신을 산만하게 하는 것이 뭔지도 알았다. 무엇이 나를 공부하고 연습하게 했던가? 무엇이 이 모든 걸 시작하게 했던가? 솔직히 어느 누구도, 아무것도 아니다. 참 희한한 명령이다. "반드시 공부해야 한다. 과제를 그저 수행하는 것뿐 아니라 스스로 질책하여 반성해야 한다." 이는 부모님이나 선생님이 졸업장의 중요성을 강조할 때 하시는 말씀이 아니다. 그들의 훈계는 다시 생각해 봐도 잔소리 정도이다. 나는 이 명령을 정확히 설명할 수 없었다. 철학과 학생이 되고 나서도 말이다. 공부하고 연습하라는 요구는 가언적 명령이 아니다. 이 명령은 조건이나 목적에 딱 부합하지 않는다. 그렇다고 정언명령도 아니다. 절대 필요에 따른 요구도 아니기 때문이다. 생각이 복잡해진다. 아마도 내가 찾지 못한 것은 철학 전체의 문제일 것이다. 어른에 의한, 어른을 위한 철학의 문제 말이다. 만약 학교가 시간에, 그리고 세계에 활기를 불어넣는다면? 학교가 호기심을 불러일으키고, 누군가의 삶을 그 자신에게 돌려주는 경험을 가능하게 만든다면? 학교가 무언가를 성취하는 동력을 고취한다면? 이것은 교육적 양심과 교육적 명령의 탄생에 관한 문제이다. 무언가에 흥미를 가질 수 있게 된 인간, 공부하고 연습해야 하는 인간, 자기 자신을 연마하고 형성하는 인간. '최선을 다하라', '꾸준히 하라', '잘 살펴봐라', '집중하라', '시도해 봐라', '시작하라'—이 모든 것들이 학교 안에서 벌어지는 위대한 철학의 소소한 몸짓이다. 그런데 이런 학교에 대한 사랑은 어디에서 비롯되는가? 아마도 우리는 학교에 대한 증오나 망각부터 설명해야 할 것이다.

세계가 없으면 호기심도, 흥미도 없다지만, 물론 이때도 세계는 호기심과 흥미가 생길 수 있게 제시되어야 한다는 말이기도 하다. 이 점에서 우리는 추후 교사의 역할과 같은 맥락에서 논의되는 학교의 기술적인technical 면을 논하고자 한다. 우선 학교와 테크놀로지라니 다소 생경한 조합으로 보일 수 있다. 실제로 인간주의적 관점에서 보면, 테크놀로지는 생산의 세계에서 자연과 인간을 정복하려는 것과 관련 있다고 가정된다. 이 관점에 따르면, 자아실현의 문제는 문화나, 말 그리고 의미, 내용, 혹은 기본적인 지식의 영역에서 발생하는 반면에 테크놀로지는 만들고 제작하고, 응용하는 것, 즉 도구적인 논리의 영역에 속한다. 인간주의적 관점에서 보자면 테크놀로지는 소위 말하는 잘 교육받은 인간이 인도주의적 목적을 달성하기 위해 조심스레 접해야만 하는 수단으로서, 학교 영역 밖에 머물러야 한다. 이들 논의에 따르면 학교에서는 기본적인 지식과 이해를 습득하는 것이 첫째요, 구체적인 기술과 응용으로 진환하는 작업은 이차적이다. 그러나 학교를 학교답게 하는 일, 즉 세계를 주의 깊게 창조하고 제시하여 흥미를 일으키는 일은 테크놀로지 없이는 불가능하다.

학교의 테크놀로지에는 상당히 단순한 것도 해당한다. 칠판, 분필, 펜, 공책, 책, 혹은 책상이나 의자와 더불어 학교와 교실의 건축 및 공간적 배치도 관련될 것이다. 이 모든 것은 개인의 의도에 따라 자유롭게 사용할 수 있는 도구나 상황이 아니다. 학생이나 교사도 이러한 도구를 당연히 완벽하게 다룬다고 생각하지 않을 것이다. 역으로 학교현장에서는 각각의 도구나 공간이 학생과 교사에 통제력 control을 행사한다. 어찌 보면, 수업은 직접적인 상황을 제거하여 세계에서부터 어떤 것을 드러나게 만든다. 학생이 책상 앞에 앉는 것은 단순히 물리적인 상태만이 아니다. 책상과 의자는 학생이 안정적으로 앉아 있게 함으로써 마음을 차분히 가라앉히고 주의를 집중하게 만든다. 칠판은 표면적으로는 단순히 교육 내용을 판서하는 용도이지만, 때로 교사에게 안정감 내지는 현실감을 주는 기능도 한다. 세계는 학생들 눈앞에 서서히 펼쳐진다. 학습 목표를 적는 것은 기본적인 판서 활동이다. 이전 학습의 내용을 적음으로써 전시 수업을 상기할 수 있고, 수업에 빠진 학생에겐 당연히 해독되기 어려울 수도 있다. 우리는 이런 도구를 일컬어 스콜라스틱 교육의 테크놀로지라 한다. 스콜라스틱 교육의 테크놀로지는 저절로 기능하는 것이 아니라 각각의 응용 방식과 구체적인 활동과 같은 접근법에 따라 효력이 발생한다. 이와 관련된 것이 교수법이다. 교수법이란 구체적으로 흥미를 일으키고 세계를 열어 내보이는 방식으로, 대수학 문제 풀기, 받아쓰기, 작문, 발표 수업 등 대다수의 교수법은 우리에게 여전히 전형적인 교육 방법으로 남아 있다. 이러한 교수법은 다분히 스콜라스틱 교육의 성격을 담고 있을 뿐 아니라 스콜라스틱 교육의 테크놀로지로서 효과적이다. 이 점에서 다니엘 페낙의 기록을 상기할 만하다.

받아쓰기가 반동적이라고? 어쨌든 아무 효과가 없긴 하다. 만일 그것이 수준을 공표하겠다는 유일한 목표 아래 점수 깎기에만 연연하는 게으른 생각으로 실행된다면 말이다! … 나는 언제나 받아쓰기를 언어와의 완전한 만남으로 생각해 왔다. 소리 나는 대로의 언어, 이야기하는 대로의 언어, 사유하는 대로의 언어, 글로 쓰고 만드는 대로의 언어, 세심한 교정 훈련을 통해 분명해지는 의미. 왜냐하면 받아쓰기의 교정에는 텍스트의 정확한 의미에, 문법 정신에, 말들의 풍부함에 다가가고자 하는 목표 말고 다른 것은 없기 때문이다. 점수가 무엇인가를 측정해야 한다면, 그것은 받아쓰기를 한 아이가 그러한 이해의 길을 가고자 답파했던 거리를 재는 일이다. … 받아쓰기 시간이 다가올 때의 공포가 어떠했든 간에-선생님들이 받아쓰기를 미치 부자들이 가난한 동네를 약탈하듯 시행했다는 건 분명한 사실이다!-선생님이 맨 처음 받아쓰기 내용을 읽어 줄 때면 난 언제나 호기심을 느꼈다. 모든 받아쓰기는 신비로움으로 시작한다. 어떤 걸 읽어 주실까? 유년 시절의 몇몇 받아쓰기 문장은 너무 아름다워서 달콤한 사탕처럼 내 안에서 계속 녹아내리곤 했다. 나중에야 치욕스러운 점수로 혹독한 대가를 치르긴 했지만 말이다.[15]

페낙이 기술한 바와 같이, 받아쓰기[16]는 학교적인 테크놀로지의 독특한 성격 두 가지를 적절하게 언급하고 있다. 받아쓰기는 그 활동 속에서 세계가 전달되는 사건으로서, "언어와의 온전한 만남"이자 호기심을 부르는 사건이다. 받아쓰기는 일종의 게임이기도 하다. 텍스트는 일반적 쓰임에서 벗어나 작문 활동 그 자체가 되어, 언어 그 자체를 공부하고 연습하게 된다. 이것이 핵심이다. 언어는 놀이가 되었으며, 학생은 놀이에 참여하게 되었다. 이것이 "이해의 길"을 구성하는 첫 국면이다.

여타 교수법과 마찬가지로 받아쓰기 활동에서 교사의 역할은 명확하다. 교사는 학생과 세계를 잇는 중재자이다. 이 만남에서 학생은 개인의 직접적인 세계와 구별되는 자유시간의 세계로 인도된다. 이처럼 교육 방법은 청소년의 세계와 항상 연결되어야 하지만, 이는 순전히 그들을 자신의 경험 세계와 분리하기 위함이다.

페낙이 언급하는 받아쓰기는 모두가 다 아는 그 받아쓰기다. 받아쓰기가 무엇인지, 어떻게 진행되는지는 명백하다. 받아쓰기는 단순한 교수법이다. 스콜라스틱 교육에서 교수법의 '효과'는 아주 사소한 차이에 따라 달라지는데, 그것은 젊은이에게 호기심을 일으키는

15. 다니엘 페낙 지음(윤정임 옮김, 2014, pp. 170-173), Daniel Pennac, pp. 113-115.

16. 옮긴이 보충: 우리말로 '받아쓰기'로 옮겨지는 '딕테dictée'는 1850년대부터 줄곧 시행되어 온 프랑스의 초중등 교과의 하나이다. 우리의 받아쓰기가 맞춤법에 치중하여 초등 저학년에 한정된 것과 달리 프랑스에서는 철자와 문법 그리고 구문의 이해력까지 포함하며 성인들의 여가에까지 널리 활용되는 문학적 훈련을 의미한다-다니엘 페낙(윤정임, 『학교의 슬픔』 옮긴이 주, p. 170).

일이자 새로운 세계의 존재를 알리는 문제이다. 이는 곧 학생 스스로 무언가를 시작하게 만드는 일이자 공부하고 연습하게 만드는 일이다. 이 사소한 차이로 인해 호기심은 갑자기 불안이 되기도 하고, 학생은 게임에 참여하는 것을 거부할 수도 있으며, 세계와의 만남은 도무지 파악하기 어려운 일이 될 수도 있다. 이 경우에 학생이 경험하는 받아쓰기란 자신의 무능과 무지를 공식 선언하는 일이 되어 버린다.

그러나 스콜라스틱 교육의 교수법은 학생의 무능이나 무지에 크게 연연하지 않는다. 만약 그랬다면, 받아쓰기는 그저 쪽지시험 같은 형식에 불과할 것이고, 학생은 자신이 무능하지 않다는 것을 입증해 내기 전까지는 죄책감과 무기력에 사로잡혀 있을 것이다. 스콜라스틱 교육의 교수법은 무엇보다도 학습 경험을 가능하게 만들어야 한다. 그것은 '나는 이것을 할 수 있고, 저것을 알고 싶다'는 경험으로, 이상적으로는 공부하고 연습하기 위한 열정을 깨우는 경험이다. 이는 일종의 '자신감' 혹은 자기 자신에 대한 신뢰라고도 할 수 있는데, 학교에서 말하는 신뢰나 신념의 대상은 항상 세계에서 비롯된다는 점을 강조하여 첨언하는 바이다.

무언가를 할 수 있게 된다는 경험은 결과적으로 경험의 출발점이다. 물론 어떤 경험 중에는 지금까지 잘해 온 일을 앞으로도 계속해서 잘 해낼 수 있을까 하는 불안감을 야기하기도 하고, 반대로 이전에 실패했던 경험은 우리를 무기력에 빠지게 한다. 그러나 성공적인 교수법은 성공적인 받아쓰기와 같이 무능과 무지라는 부정적인 경험과 결부된 과거와의 연결고리를 잘라 내어 학생이 연습을 시작할 수 있게 만든다.

스콜라스틱 교육의 경험은 긍정적으로 말해서 '할 수 없지 않음'의 경험이라 할 수 있다. 학교가 제대로 기능하기만 한다면, 받아쓰기를 비롯한 모든 교수법은 청소년에게 바로 이 점을 상기시킨다. 스콜라스틱 교육의 테크닉technique은 시간과 공간, 그리고 모든 교육 내용을 경험의 시작점이자 만남의 사건이 되도록 조직한다. 그런데 이 테크닉이 유도하는 해방의 경험이 시작되는 지점에는 언제고 무능 앞에 포기될 위험이 도사린다. 스콜라스틱 교육의 테크닉은 흥미롭게 공부하고 연습하는 데 몰두해 보는 경험을 유도하지만 그렇다고 억지로 강요하지 않으며, 이 기법을 아무리 적절하게 적용한다고 해서 모든 학생들이 저절로 공부하고 연습하게 되는 것도 아니다.

이 점에서 스콜라스틱 교육의 테크놀로지는 기계적이기라기보단 마법 같은데, 그 현상은 화학의 연쇄반응보다는 차라리 연금술에 가깝다.[17] 그렇다고 이 모든 것이 맹목적인 신념이라든가 일단 지켜보자는 식의 태도라는 의미는 아니다. 다만 스콜라스틱 교육의 테크놀로지는 본질적으로 실험적일 수밖에 없으며, 거듭되는 시도와

17. Isabelle Stengers(2005). The Cosmopolitical Proposal. In: Latour, B. & P. Weibel(Eds)(2005). *Making Things Public. Atmospheres of Democracy*(pp. 994-1003). London/Cambridge/Karlsruhe: MIT Press/ZKM.

실패를 통해 점차 개선되는 것이다. 가르치고, 공부하고 연습하기가 스콜라스틱 교육의 과업이며, 이렇게 형식을 찾아 누군가를 형성시키는 일에는 인내심과 노력이 필요한 법이다.

이 밖에도 다양한 교수법이 있다. 주어진 주제에 대한 수업 발표를 예로 들어 보자. 발표하는 순간도 중요하지만, 발표를 준비하는 과정도 마찬가지로 중요하다. 대중 연설을 비롯한 각종 선택의 과정은 물론이고, 이 과정에서 공부하고 글로 써 보는 연습을 하게 된다. 학생은 취미와 같이 자신의 세계에서부터 무언가를 선택하여 공부의 대상으로 바꾸어 놓는다. 전적으로 그런 것은 아니지만, 학생은 교사의 역할을 맡기도 한다. 교단 앞에 서 있는 저 희생양을 주의 깊게 관찰하며, 동료 학생들은 자리에 앉아 있는 교사로 변신한다. 꼭 그런 것만은 아니지만 말이다. 세계에서 가지고 온 어떤 것과 더불어 학생 자신은 함께 놀이에 임하게 되면서 게임은 계속된다.

마찬가지로 글쓰기 수업은 언어와 온전히 마주하는 경험이자 자기 자신의 (작문) 능력과 마주하는 경험으로 스콜라스틱 교육의 의미를 드러낸다. 글쓰기 연습은 그저 글쓰기 자체에 목적이 있다. 졸업하면 더 이상 글쓰기 연습이 필요없지만, 그때부터는 좀 더 넓은 주제에 관해 다양한 방식의 글쓰기를 실제로 할 수 있어야 한다. 즉 글쓰기는 학교 안에서 연습되어야 하는데, 에세이를 작성하는 것은 글쓰기 연습 전체를 지칭한다고 할 수 있다.

기능교육이나 직업교육에서 시행되는 종합시험도 스콜라스틱 교육의 테크놀로지에 해당한다. 물론 이때는 구체적으로 사물을 만들고, 디자인하여 적용하는 작업이 필요하지만, 여기서도 학생들은 여지없이 무언가를 가지고 시작하는 상황에 놓여 있다. 이들은 어떤 것을 만들면서 자기 자신도 형성해 가는데, 이것이 생산적인 세계의 질서와 구별되는 점이다. 디자인하고, 개발하는 것, 제작이나 발명, 그리고 발표 활동은 그 자체로 중요한 일이 된다. 연습은 개인의 능력과 지식을 시험해 보는 활동으로, 스콜라스틱 교육의 테크놀로지는 이렇게 해 보는 것 자체에 방점이 찍힌다.

과제나 교재, 연습문제도 스콜라스틱 교육의 전형적인 교수법이다. 과제는 교육 내용을 명확하게 하여 응용해 보고, 실제 삶에 대입해 보면서 교육 내용을 완벽하게 익히기 위한 이상적인 방법이라고 알려져 있다. 하지만 스콜라스틱 교육적 차원에서 과제는 교육 내용을 익히는 일과 더불어 또 다른 역할을 한다. 과제는 세계를 교실 안에 끌어들이면서 동시에 세계를 교실 밖에 둔다. 즉 과제를 통해 세계가 인지되지만 동시에 무언가에 집중하게 되는데, 그것이 반드시 세계는 아니다. 바로 이 점에서 과제가 연습인 이유가 분명해진다. 과제를 완수하는 과정은 구체적인 것과 마주하는 과정인데, 이는 무엇보다도 학생이 자기 자신과 마주하는 일이다. 구체적인 사회 문제를 해결한다든가 그 과정에서 발생하는 부담이나 기대 그 자체는 중요한 것이 아니다. 스콜라스틱 교육의 과제와 구체적인 사회 문제 사이의 경계가 사라지면, 과제는 더 이상 연습이 아닌 게 된다. 학생이 전문가로 간주되는 순간, 과제라든가 교재, 연습문제, 가설적 질문 등에 내재된 스콜라스틱 교육의 기능은 사라진다. 스콜라스틱 교육은 학생을 시도해 보고 연습해 보게 만든다. 다른 말로 하자면, 학교에 있는 것은 실질적 문제problems가 아니라 연습문제questions다.

스콜라스틱 교육의 테크놀로지 중에는 암기, 암송, 받아쓰기, 암산이나 구구단과 같이 이들도 정말 테크놀로지인지 불분명한 것이 있다. 이러한 활동을 실제 상황에 적용할 수 있는지 고려한다면 이런 활동은 의미가 없다고 말할 수도 있고, 지식 습득의 효율성이나 편의성으로 보자면 옹호할 수도 있다. 예를 들어 암산의 경우, 필요시 매번 계산기를 찾을 필요 없이 자신의 두뇌를 바로 사용할 수 있기 때문에 편리하고 효율적이다. 그러나 스콜라스틱 교육의 테크놀로지라는 측면에서 보자면 다른 각도에서 접근해야 한다. 이러한 활동은 우선 '자기형성'의 의미로 형성적이다formative. 앞서 언급한 암기 같은 활동은 스콜라스틱 교육에서 정신적 훈련gymnastic이라고 할 수 있다. 인간이 암기와 같은 테크놀로지를 통해서 공부하고 연습한 데에는 유구한 역사가 있고, 고대에는 특히 중요한 위치를 차지했다. 체육 시간에 다루는 각종 기법이 신체 움직임 속에서 연마되듯, 암기 같은 테크놀로지는 일정 수준의 정신능력을 갖추기 위해 노력하는 교양인이 되기 위한 기본 테크닉이다.[18] 이러한 활동은 교사가 아닌 학생 스스로가 특정한 상황에 자기 자신을 처음 다루어

본다는 의미에서 '자기형성의 테크닉'이다.[19]

이러한 테크닉은 궁극의 목적을 지향하지 않는다. 테크닉은 무궁무진하며, 테크닉의 근본적 의미는 시작할 수 있다는 경험 그 자체에 있다. 시작할 수 있다는 경험은 계속해서 새로운 시작이 반복되는 것으로, 암기 활동이 전형적인 예이다. 반복되는 활동 속에서 말과 글, 그리고 숫자는 자아의 일부가 되고, 그렇게 학생의 자아가 형성된다. 암산으로 연습하여 발전하고 숙련되어 형성된 개인이 곧장 구체적인 일을 수행하기 적합한 고용 가능한 상태가 되는 것은 아니지만, 형성적 측면에서 준비되고 있다. 본 장에서 논의된 테크놀로지의 유용성에 반박한다면, 그것은 준비와 자유시간의 중요성에 이의를 제기하는 것과 같다.

마지막으로, 스콜라스틱 교육의 테크닉으로서 시험을 제시한다. 시험 없는 학교를 상상할 수 있는가? 아마도 아닐 것이다. 그러나 스콜라스틱 교육의 테크닉으로서 시험이 중요한 이유는 시험의 자격

---

18. See also: Joris Vlieghe(2010). *Democracy of the flesh. A research into the meaning of public education from the stand point of human embodiment.* Doctoral dissertation KU Leuven.

19. 테크닉의 역사와 관련하여 다음의 저작을 살펴볼 수 있다. Michel Foucault(2001). *L'herméneutique du sujet.* Paris: Gallimard, and Peter Sloterdijk(2013). *You must change your life*(W. Hoban, trans.). Cambridge: Polity Press. 단, 이들의 논의는 형성적, 교육적 의미보다는 윤리적 의미를 강조하고 있다[옮긴이 주: 푸코는 "개인이 그 자신의 수단을 통해 자기 자신의 신체와 영혼, 사고와 행위를 조작하여 그 스스로를 전환시키고, 변형시키는 방식, 그리하여 일정 수준의 완전성과 행복, 순수성과 초자연적 능력 같은 일정한 상태를 획득하게 하는 기술"을 일컬어 자기의 기술이라고 규정하였다(Michel Foucault(1993). About the Beginning of the Hermeneutics of the Self: Two Lectures at Dartmouth, *Political Theory*, 21(2), p. 203 참조)].

기능 때문만은 아니다. 시험의 자격 기능은 정부가 사회를 위해 학교에 위임한 것으로, 인증된 학위와 자격증은 학생들을 고등교육과 취업시장으로 몰아넣는다. 학교의 졸업장은 학생이 학교에서 보낸 공동의 시간을 입증하는데, 이때 다시 한 번 시간의 중요성이 강조된다. 한편, 스콜라스틱 교육의 테크닉으로서 시험이 중요한 이유는 시험의 표준화 기능 때문도 아니다. 물론 교사는 시험 결과에 따라 학생별 정보를 얻는다. 시험 결과는 대체로 표준화된 지식의 평균 수준을 나타내고, 이로써 성적이 저조한 학생, 보통인 학생, 우수한 학생을 가르는 일이 가능해진다. 이때 장기간 시행된 여러 시험 결과는 단 하나의 '종합' 시험 결과와 동일한 것으로 간주되며 이러한 방식으로 학업성취에 따른 차이가 일반화된다.

스콜라스틱 교육의 테크놀로지로서 시험은 시험을 준비하는 과정에 의미가 있다. 핵심은 시험 준비이며, 학생이 시험을 준비하는 데 들인 노력이 실제 시험 결과보다 중요하다. 시험을 준비하는 기간은 다른 일에서 자유로워지는 시간으로 학생 스스로 교육 내용에 집중할 수 있게 된다. 집중하여 공부하고 연습하는 이 기간은 시험 준비 자체가 관건으로서, 이때 시험이란 학생에게 집중하도록 부담을 주는 교육적 장치이다. 즉 시험은 공부하고 연습하는 데 필요한 만큼의 부담을 주는 것일 뿐, 어린 학생들을 절망에 빠지게 하거나 학생의 무지를 기념하려는 게 아니며, 성적을 매겨 학생 간 경쟁을 부추기려는 것도 아니다. 물론 평가도 필요하지만, 이는 최소한의 의미만 지닌다. 시험이 교사에게는 중요하지 않다는 말은 아니지만, 시험은 분명히 학생을 위한 것이다. 시험이란 학생이 스스로 시험대에 올라 결과를 도출해 내는 일에 가치를 부여하는 것이다. 반복해서 강조하자면 시험의 가치는 특정 능력을 단 한 번의 시험으로 평가하는 데 있지 않다. 평가는 끝이 아니다. 재시험의 가능성은 항상 열려 있다. 평가에는 곧 다시 시작하고 시도해 본다는 확신이 담겨 있다. 시험 없는 학교를 상상할 수 있는가? 어떤 방식으로든 부담을 가하는 교육적 수단과 성취를 의미하는 다양한 스콜라스틱 교육의 활동이 있을 것이다.

스콜라스틱 교육의 테크놀로지를 변론하면서 지금까지 논의되지 않은 개념이 훈육이다. 훈육은 권위와 마찬가지로 이제는 과거의 것으로 남기고픈 용어로 오늘날 교육계에서 그다지 달갑게 받아들여지는 말은 아니다. 대체로 훈육이라 하면 억압, 제압, 억제, 통제, 감시, 준수, 복종 등이 즉각 연상된다. 그럼에도 불구하고 우리는 이 용어를 다시 수용하고자 한다. 스콜라스틱 교육의 긍정적인 의미로서 스콜라스틱 교육의 테크놀로지를 구성하는 근본 요소로서 훈육을 논의하고자 한다.

공부하고 연습하는 데는 일정 정도의 규칙을 준수하고 따르는 것이 필요하며, 그것은 일정한 훈육 없이는 불가능하다. 학교에서 통용되는 규칙은 좋은 삶을 사는 데 필요한 인생 규칙도 아니고, 사회질서에 필요한 규범 같은 사회적 규칙도 아니다. 받아쓰기처럼 특정 교육 방법에 적합한 규칙으로서 학교의 규칙은 한 사회나 집단에 입문하는 젊은이를 대상으로 복종의 수단으로 고안된 것도 아니다. 수업 내 집중도를 높이기 위해 교사가 제시하는 규칙은 단순히 규칙을 준수하게 만들거나 복종하게 만들기 위한 것이 아니다. 학교의 규칙은 세계를 매력적인 방식으로 제시하기 위한 전략으로 학생들을 조용하게 만들고, 주의가 산만한 학생을 집중시키며, 때로는 침묵을 깨기 위한 시도로 쓰인다. 공부하고 연습하는 데 필요한 소소한 규칙도 학교의 규칙에 해당하는데, 이런 형태의 훈육이나 규칙 없이 어떻게 읽고 쓸 수 있겠는가? 우리가 강조하는 훈육이란 학생이 공부와 연습을 시작하여 유지할 수 있게 하는 기본적인 상황에 도달도록 만드는 규칙을 따르고 준수하게끔 하는 활동을 의미한다. 즉 자기 삶의 세계를 떠나 스스로를 고양하기 위해서는 지속적인 노력이 요구되며, 그 노력은 규칙을 따름으로써 강화된다. 사회생활이나 정치적 상황에서는 훈육이 시민을 복종시키고 길들이는 테크놀로지라는 점이 명백하지만, 스콜라스틱 교육의 테크놀로지로서 훈육discipline은 규칙을 통해 청소년을 '제자disciples'로 만든다.

지금까지 살펴본 바와 같이 스콜라스틱 교육의 테크놀로지는 공장의 완제품같이 잘 형성된 젊은이를 생산하는 도구가 결코 아니며, 이전 세대가 젊은 세대를 조종하려고 고안한 장치도 아니다. 물론 여기에는 위험 요인이 있는데, 그것은 보수적 혹은 진보적 교육개혁자들이 자신의 정치적 이상향에 부합하도록 스콜라스틱 교육의 테크놀로지를 각각 끌어들인다는 점이다. 스콜라스틱 교육의 테크놀로지는 그저 청소년을 끌어모으는 기법이면서 동시에 세계를 내보이는 기법으로, 이를 통해 학생은 흥미가 발동하여 무언가에 집중하게 되고 '형성'이 가능해진다. 스콜라스틱 교육의 테크놀로지는 자유시간을 만들기 위한 장치이자 '나는 이것을 할 수 있다/ 나는 가능하다'와 같이 '할 수 있음being able'의 경험을 가능하게 만든다. 이 점에서 테크닉은 자연을 조종하기 위해 인간이 자연에 적용하는 것이 아니다. 인간이 고안한 정교한 테크닉은 인간에 적용되며, 인간에 영향을 끼쳐 인간이 형성되게 만든다. 말하자면 테크닉은 자기 스스로 형성될 수 있게 하기 위한 방법이다. 따라서 스콜라스틱 교육의 테크놀로지를 잘 활용하려면 독특한 잠재력으로 세계를 열어보이고, 흥미를 유발하여 집중하게 만드는 다양한 테크닉을 개발하기 위한 이론이 필요하다.

5.

평등

혹은 시작할 수 있음, 차이 안에서

각종 신문기사와 통계자료, 그는 다 알고 있다. 학교에 발을 딛기도 전부터 이미 낙오한 이민자 아이들, 편부모 아이들-여전히 위험하다. 모계의 학력. 주의하라! 사회경제 지위, 약칭 SES. 그는 이 모든 것에 상관관계가 있을 뿐, 인과관계가 있다고 생각하지 않는다. 그럴 만한 가능성이자 평균값이다. 신문기사는 재빨리 비난할 대상을 찾아내기 바쁘다. 그는 관련된 지표도 안다. 그런데 그는 자기 반에 그런 아이가 있다는 것은 알지 못한다. 진짜 알아보려고 했거나 견디기 어려워졌다고 느꼈다든가, 너무 지쳤다든가, 교사의 역할을 내려놓고 싶다면, 그리고 자기 자신이 되는 것을 멈추었다면 알았을지 모른다. 교실에서 어려운 가정환경으로 어려움을 겪고 있는 학생 중 하나인 스티비가 가진 문제. 나오미는 자꾸 문제를 일으킨다. 나오미는 때를 기다려 직업을 찾아 학교를 벗어날 기회를 엿보고 있다. 나오미의 형제자매와 사촌들, 부모, 할머니가 자신의 나이 때 그랬던 것같이. 아미르라는 아이도 있다. 모로코 출신의 영리한 아이인데, 그는 이 규칙을 깨는 예외다. 아미르가 스스로 잘 준비되고자 한다면, 그는 아마 통계적으로 생각하지 않는 것일 게다. 규칙이나 패턴, 수치에 얽매이지 않는다. 자신의 일과, 자기 자신 그리고 자기 반 학생을 통계적으로 평균화시키는 일련의 시선에 짜증이 난다. 집중이 흐려진다. 마치 누군가 그의 어깨너머로 지켜보며, 담당 학급 학생과 자신의 일을 다른 이의 시선으로 보라고 강요하는 것 같다. 꼭두각시의 세계이다. 천박한 자본주의와 사회는 자가 증식하고 있고, 불평등은 무자비하게 재생산된다. 수업 중 교실에서 그런 세계는 존재하지 않는다. 순진한 발상이다. 그러나 그는 그렇게 생각하는 게 좋다. 어쩔 수 없다. 학생은 마땅히 이름으로 불려야 한다. 흥미를 갖는 것은 본성이 아니다, 재능이나 지능은 출발점부터 전제될 수 없다 등의 신념을 그는 간직하고 싶다. 이러한 특질은 나중에야 발현되는 경향이 있다. 그가 아는 한, 이 모든 것은 모두를 위한 것이지 특정인을 위한 것이 아니다. 때문에 그는 때로 스티비, 나오미, 아미르가 수업에서 집중하고 있는지 확인해야 한다. 그러나 수업은 그들에 관한 것이 아니다.

수업은 교과 내용에 관한 것, 대상에 집중해 보는 것, 취향을 가지게 되고 공부와 연습하는 데 필요한 것, 흥미를 자극하는 것에 관한 것이다. 그의 세계에도 차이가 있다. 공부하고 연습하는 데는 무엇보다도 노력이 필요하다. 그 차이에는 이름이 있다. 스티비, 나오미, 아미르. 기회가 될 때마다, 누군가의 더 나은 판단보다는 자신의 순진함을 그는 고수한다. 그것은 교육 내용과 학생들에 관한 문제이다. 공평한 기회, 사회적 평등–이것들은 그의 권한 밖에 있다. 그는 꼭두각시가 아니다.

학교가 일반적인 시간을 한시적이나마 해제한다는 것은 사회적 (불)평등에 관하여 특별한 역할을 한다는 것을 의미한다. 이 점에서 학교가 하는 일이라곤 사회 불평등을 영속하거나 심지어는 강화한다는 주장이 반복되는 것 외에 별다른 과학적 검토가 없었다. 실제로 1960년대 이래, 학교는 기존의 사회 불평등을 재생산하며 새로운 불평등을 조장한다는 주장을 '입증하는' 연구가 쏟아져 나왔다. 이로 인해 학교가 권력과 결탁했다든가 부패했다는 비난을 막아서기 어려워졌다.

그러나 학교가 사회 불평등을 재생산한다는 주장은 학교라는 개념 그 자체를 잘못 이해하거나 악용한 데서 비롯된 오해로 보인다. 실제로 인류가 고안해 낸 것 중 학교만큼 평등을 창조해 내기 적절한 장치는 없다. 학교가 고안된 이래, 모든 문화와 상황을 통틀어서 사회계층의 이동, 사회적 진보와 해방을 이루기 위한 이상이 학교에 기반을 두고 있다는 점을 인식하고 인정해야 한다. 이러한 학교의 사회적 역할을 계속해서 인지해야, 학교를 그리는 수많은 영화를 우리가 그렇게 좋아하는 이유도 설명이 된다. 영화가 등장한 이래 학교, 특히 교사는 학생을 사회 규범 안에 있는 각자의 삶의 세계와 이미 정해진 지위에서 벗어나는 것을 돕는 존재로 묘사되었다. 학교 관련 영화가 거의 〈러브 스토리〉만큼 인기가 좋았다는 것은 우연이 아니며, 추후 논의하겠지만, 어찌 보면 학교 관련 영화는 사실상 러브 스토리이다.

평등을 창조해 내는 학교의 역할을 인정해야 학교에 대한 이 모든 의혹과 혐오가 역으로 일제히 설명된다. 학교가 평등을 창조해 낼 수 있는 것은, 곧 할아버지, 할머니, 아버지, 어머니가 자신의 아들, 딸, 손자, 손녀를 위해 세워 둔 계획을 뒤엎어 버리고 방해할 수 있다는 것이다. 종교지도자나 정치인-사회 개혁가든 보수주의자든, 명망 높은 정치가든 혁명가이든-이 자신들의 추종자나 시민을 위해 세운 계획을 저지하거나 위협하듯이 말이다. 실제로 학교는 항상 그런 역할을 해 왔다. 아버지, 어머니, 종교지도자나 정치인, 혁명가들이 학교를 이용하여 자신들의 목적과 이상에 도달하고자 각고의 노력을 해 왔음에도 불구하고 학교는 그동안 항상 평등을 창조해 내는 역할을 도맡았다. 이와 관련하여 학교는 잠재력의 경험과 관련된다.

학교를 학교답게 하는 요소인 유예, 세속화, 세계, 집중, 훈육, 테크닉은 가능성과 능력의 경험과 직결되고, 확실히 직결될 수 있다. 페낙이 언급한 바와 같이, 사회의 부담과 더불어 학생을 쓸모없음의 세계로 밀어 넣는 여타의 역학관계에서 학생을 자유롭게 하기 위해서 교사는 반드시 학생을 '직설법 현재'로 끌어와야 한다고 말한 지점이 바로 이것이다. 현재형으로 학생을 불러내어 그들을 한데 집중시키는 가운데 사회의 부담이 유예된다. 유예 상태에서 교사는 모두가 '무엇에 대한 능력이 있다'고 전제하고, 학생들은 자신의 능력을 경험하게 된다.

스콜라스틱 교육의 공간은 모두를 위한 평등을 확인하는 공간이자 출발점으로 규정되는 시간으로서 탁월하다. 이는 개별 학생을 위한 평등이 과학적으로 검증된 사실이나 위치가 아니라, '모두가 능력이 있다'를 전제하는 실질적 출발선이다. 때문에 어느 누구도 학생이 무언가를 할 수 있다는 경험을 제한할 이유도 근거도 없다.[20] 할 수 있음의 경험 속에서 아이는 일상의 신분position에서 벗어나 학생이자 학교의 아이가 되고, 사물은 일상의 쓰임use에서 벗어나 공부하고 연습하기 위한 교육의 내용이 된다.

---

20. Jacques *Rancière*(1991). *The Ignorant Schoolmaster: Five lessons in intellectual emancipation*(K. Ross, trans. and introduction). Stanford, CA: Stanford University Press(자크 랑시에르 지음, 『무지한 스승: 지적 해방에 대한 다섯 가지 교훈』, 양창렬 옮김, 궁리, 2016).

페낙은 이 점을 상당히 효과적으로 기술한다. 학교를 학교답게 만드는 교사는 이중의 전략을 쓴다고 말한다. 교사는 "이것은 중요해요, 나는 이것을 여러분에게 보여 줘야 할 책무가 있어요"라며 학생에게 무언가를 보여 준다. 이렇게 하면서 교사는 동시에 "나는 이것이 사회에서 나중에 어떻게 쓰이는지 말할 수도 없고, 말하지도 않을 거예요"라고 말한다. 이로써 교사는 사물을 일상의 쓰임에서 풀려나게 한다. 바로 이 풀려남을 통해 사물은 온전히 드러나게 되어 '공적인 것'으로서 공유된다.

앞서 언급했듯이, 학교는 어떤 것을 공부와 연습의 대상으로 만드는데, 이를 통해 지식은 지식 그 자체로, 기술도 기술 그 자체로 드러난다. 때문에 공부하고 연습하는 활동은 정해진 목적에 도달하기 위한 수단이 아니라, 오히려 특정 목적에서 분리된 상태에서 세계 내 새로운 연결지점을 만들어 낸다. 기존의 목적에서 분리되어 새로운 연결점을 찾는 일이 가능해진 이 상황을 가리켜 스콜라스틱 교육의 출발점이라고 할 수 있다. 그 안에서 학생은 말과 사물을 연결 짓는 새로운 방식에 따라 새롭게 말하고 행하는 능력과 가능성을 경험한다.

요즘에는 우리 자신과 아이의 미래를 위한다는 명분으로 정교한 탐색과 분류를 위한 검사 도구apparatus가 개발되었다. 이러한 도구는 아동과 젊은이를 분류와 개입의 대상으로 전환시켜, 소위 말하는 개별성과 공통성(전형적인 태도, 독특한 재능, 특정 발달단계, 한계,

뇌 상태 등)에 따라 이들을 제한하며, 그에 따라 실질적 불평등이 전개된다. 그러나 학교와 교사는 모든 아이가 동등한 능력을 가지고 있다고 전제하며 수업을 시작하는데, 이는 무언가를 책상 위에 올려놓는 일에서부터 전제된 것이다. 이 행위를 통해서 사물은 '공공재'가 되고, 결과적으로 모두가 동등한 출발점에 서서 무언가를 시작할 기회를 갖게 된다.

이러한 의미에서 학교와 교사는 학생의 평등을 가르치면서 입증하고자 하는 현실적 가설hypothesis로 삼는다. 이 가설은 과학적 엄밀성에 기초한 것이 아니라, 학생을 가르치는 과정에서 자연스럽게 입증되는 가설로서, 입증의 과정에서 교사는 개별 학생의 고유한 상황과 문제를 고려하게 된다. 이때 개별 학생의 차이에 대해 고려하는 것은 가르침의 고유한 영역일 뿐, 실제적 자연적 차이와 불평등을 기반으로 교육 체계를 구성하는 일과는 별개의 문세이다.

그러나 자연과 필연이란 이름으로 사회가 재단하는 변별이 문제일 뿐, 학교 내에서 아무런 변별differentiation이 없다는 것은 아니다. 스콜라스틱 교육에서 변별은 인위적인 성격을 띤다. 이는 스콜라스틱 교육의 관습으로서 사회적 강압도 아니고 절대적이지도 않으며, 학생의 지위나 기회를 미리 규정하지도 않는다. 예를 들어 연령은 가장 상식적이고, 어찌 보면 '자연스러운' 구별이다. 또한 나이는 전적으로 관습적 구별로서 젊은이의 성숙, 즉 생물학적, 인지적 발달과정을 칭하는 용어로 자연스레 정당화된다. 하지만 자연은 인간의 시간을 따르지 않으며, 연령 기준에 내포된 관습적인 성격은 학생에게 어떤 기회를 부여할지 논의할 때 명백해진다. 스콜라스틱 교육의 구별distinction에 내포된 인위적 성격은 학교에 관한 익숙하고도 흥미진진한 이야기 속에 잘 나타난다. 문제아가 여러 문제적인 상황을 노력해서 극복하는 이야기, 학생의 마음을 움직이는 단 한마디로 아이를 학교에 나오게 만든 어느 교사의 이야기, 돌연 흥미를 보이더니 자기 자신을 뛰어넘게 되는 학생의 이야기 등. 이런 이야기는 통계적으로 보면 무의미한 특이값에 불과하다. 그럼에도 불구하고 우리가 이런 이야기에 끊임없이 빠져드는 이유는, 아마도 여기에 학교의 독특함이 담겨 있기 때문일 것이다. 자연의 법칙이라든가 고정불변의 사실이라고 여긴 것이 사실은 편견임을 깨달을 때 우리는 문득 놀라게 된다. 마찬가지로 각종 기준, 분류, 구별도 관습이며, 이 관습에 대해 우리는 과감하게 의문을 던져야 한다. 즉 학교가 어떻게 기능하는지 '성공 사례'라고 불리는 중요한 사건을 토대로 검토하고, 또 필요하다면 재구상해야 한다. 그렇게 보자면, 전문지식이나 분류의 방식을 따르는 것이 최선일까? 이렇게 통계적으로는 무의미한 사례를 성공적인 이야기로 고려하는 것은 기존의 구조와 관행을 정당한 것으로 따르는 경향과 상반된다.

학교는 다음 세대의 잠재력을 신뢰할 의무가 있다. 모든 학생은 출신 배경이나 타고난 재능과 무관하게, 무언가에 흥미를 가지고 자기 자신을 의미 있게 발달시킬 능력이 있다. 때문에 학교에서 일어나는 사건은 항상 '자연스럽지 않거나' '그럴 법하지 않은' 일로, 학생을 사회경제적 지위에 따라 분류하여 그들은 아무것에도 관심이 없다고 규정하는 식의 '자연법'이라고도 불리는 '중력의 법칙'을 거스른다. 학교는 특정한 '중력'에 따른 학생 구별을 거부하는데, 이는 학교가 지나치게 순진한 나머지 중력의 존재를 부정하기 때문이 아니다. 다만 학교는 일종의 진공상태와 같은 공간으로서, 학생은 그 안에서 연습하고 발전할 시간을 갖게 된다. 수많은 영화에 등장하는 학교, 교사, 학생에 관한 '성공담'은 학교가 하는 일이란 실질적인 평등을 전제한다는 점을 말하고 있다.

6.
사랑
혹은 아마추어 정신, 열정, 지금 이 순간, 숙련

'저요? 저는 교사입니다.' 잠시 정적이 흐른다. 이 정적의 의미를 잘 안다. 방학 기간도 상당하고, 단조롭지만 안정적인 직업인데다, 아이들과 함께하기에 이상적이다. 동경 어린 눈빛도 있다. 학교 일과를 매일 지속하려면 끈기가 필요하다. 특히 요즘 아이들과 함께하려면 별도의 논의가 필요하다. 물론 이해하지 못하겠다는 반응도 있다. 교사란 학교라는 저주받은 공간에 제 발로 되돌아간 인물이다. 18년간의 학창 시절 동안 그다지 동경하지 않았던 인물의 역할을 떠맡게 된다는 것을 알면서도 말이다. 교사란 직업이 다른 직업과 좀 다르다는 걸 나도 안다. 그것은 미묘하면서도 미묘하지 않기도 한 그런 일반적인 인식에 영향을 받지 않는다는 점이다. 내 직업을, 내 학생을, 나는 사랑한다. 때론 내가 감당하기 어려울 정도다. 그리고 그건 당연한 일이다. 그럴 때면 이런 생각을 한다. 시간제 임금을 지불했다면, 초과근무수당을 두 배로 준다면, 주말 근무수당은 세 배로 준다면 감당할 만한 것이라고. 그러나 이내 곧 이런 생각이 뒤따른다. 돈 때문에 하는 일이 아니야. 솔직히, 어떻게 그럴 수 있을까? 내가 거주하는 곳은 이 사회가 자신들의 아이를 맡기는 곳이다. 아이들의 부모가 가정이나 일터에서 생산적인 일을 할 동안 나에게는 아이들과 흥미로운 일을 할 시간이 주어졌다. 개학 첫날은 아이들이나 학생들한테만 특별한 날이 아니다. 우리 교사들에게도 특별하다. 매번 질리지도 않는다. 이날, 무언가가 시작된다. 마치 모두를 한데 불러 모으는 것 같다. 각종 연설과 온갖 밝은 전망으로 가득한 일종의 잔치이기도 하다. 모두들 들떠 있다. 완벽하게는 통제되지 않는 일들이 벌어신다. 나는 학부모가 자신의 아이를 나에게 맡기고 있다는 점을 안다. 이 사회는 내가 좋은 교사라며 신뢰한다. 그러나 그 신뢰는 깨지기 쉽다는 점도 잘 알고 있다. 안전성, 질 관리, 혁신을 위한 강박적인 요구, 성취기준, 측정할 수 있게 작성된 직무 목록 등이 이를 잘 설명하고 있다. 교원 전문성이란 말은 신뢰 위반을 대체하기 위한 약이다. 혹은 재능을 최적으로 개발하라고 강요하는 경쟁 사회의 불안 발작을 피하기 위해 고안된 장치이다. 맹목적인 신뢰란 없다는 것

> 을 나는 깨닫게 되었다. 전문성이나 질이라는 미사여구를 붙였든 아니든, 이 모든 불신, 의혹, 불안에서 비롯된 측정 장치들은 나의 사랑을 고치는 확실한 방법이라는 것도 나는 안다.

학교는 자유시간의 형태로 만들어졌고, 또 그래야만 한다. 자유시간은 스콜라스틱 교육의 시간 (종소리)과 스콜라스틱 교육의 훈육, 그리고 닫힌 문과 같은 규칙을 통해서 만들어졌다는 점을 우리는 앞서 지적했다. 칠판, 책상, 교재, 교실 등도 마찬가지다. 이 모든 것은 세계를 열어 보이고 모두가 함께 나눌 수 있게 만들기 위함이다. 그 안에서 우리는 '시작할 수 있다'는 것을 경험해야 한다. 앞서 언급한 여러 예시와 더불어, 교사의 역할도 매우 중요하다. 오늘날 교사는 과학적인 지식에 기반을 둔 전문성을 가지고 그에 따라 질서 정연하고 능숙하게 행하는 전문가로 간주된다. 물론 이 또한 중요한 역할을 한다. 그러나 여기에 좀 더 덧붙일 것이 있다. 이를 언급하기 위해서, 우선 페낙의 이야기를 좀 더 들어 보자. 다음의 대화는 소위 말하는 '문제아'와 교사의 대화이다.

> "방법이 없는게 아니라, 있는 건 방법들뿐이지! 당신들은 언제나 방법들 속으로 숨느라 시간을 보내잖아. 그 방법들만으론 충분하지 않다는 걸 마음속 깊이 잘 알면서

말이야. 뭔가가 빠져 있어."

"뭐가 빠져 있지?"

"말 못해."

"왜?"

"엄청난 말이거든"

"'감정이입'보다 더해?"

"비교도 안 되지. 네가 초등학교나 중고등학교, 아니 대학이나 그 비슷한 곳에서는 절대 입 밖에 낼 수 없는 말이야."

"뭔데? 해 봐."

"아니, 정말이지 못하겠어…."

"자, 어서!"

"난 못한다니까! 교육을 말하면서 이 말을 내뱉었다간 넌 린치당할 거야."

"……."

"……."

"……."

"사랑."[21]

---

21. 다니엘 페낙 지음(윤정임 옮김, 2014, pp. 366-367), Daniel Pennac, pp. 257-258.

교사는 지식과 방법도 갖추어야 하지만 사랑하고 보살필 줄 알아야 한다.[22] 앞서 언급한 그레고리우스의 경우와 같이 '사랑'의 의미를 명확히 밝힐 필요가 있다. 그의 그리스어 교사는 분명히 박식해 보인다. 그는 그리스어에 관한 모든 것을 알고 있고, 잘 준비된 숙련된 교사로서, 그리스 여행도 자주 다녀오고 훌륭한 필체를 지녔다. 게다가 그는 그리스 단어에 대한 애정을 드러내곤 했다. 그러나 그 교사는 그저 자기애로, 자기 자신에 집중되었기 때문에, 그가 말하는 그리스어 단어에는 단어 자체의 실체가 부족했다.

반면에 학교를 학교답게 만들기 위해 요구되는 사랑은 '교과목에 대한 사랑, 이상과 세계에 대한 사랑' 그리고 '학생에 대한 사랑'이다. 영화 〈아들〉에 나오는 올리비에 교사는 이 점이 명백하다. 사랑에 대해 지나치게 이상화하거나 극적으로 표현할 필요는 없다. 사랑은 엄청난 것으로 표현되는 것이 아니라 일상에서 발견되는 소소한 몸짓, 특정한 방식의 말하고 듣는 데에서 드러난다.

이를 일부러라도 도발적인 표현으로 바꿔 보자면, 학교를 학교답게 하는 것은 교사의 아마추어 정신amateurism에 달려 있다. 교사가 온전한 전문가가 되지 않을 수 있을까? 일정 부분이라도 아마추어로 남아 사랑으로 행하는 사람일 수 있을까? 교사는 자신이 가르치는 교과 내용을 사랑으로 돌보고 주의를 기울이는 자이다. '교

22. Ilse Geerinck(2011). *The Teacher as a Public Figure. Three Portraits.* Doctoral dissertation, KU Lueven.

과 내용에 대한 사랑'과 더불어, 혹은 아마도 그것 때문에, 교사는 학생을 사랑으로 가르친다. 아마추어 교사는 특정 내용에 대한 지식을 잘 갖추고 있을 뿐 아니라 그 내용에 적극적으로 관여하기도 하고 소중하게 여긴다. 단순히 수학을 잘 아는 자가 아니라, 자신이 하는 일과 내용으로 인해 수학이라는 주제에 열정을 가진 자이다. 이 열정은 교사라는 직업과 지위를 기반으로 자신이 담당하는 교과 내용을 가르칠 때 소소한 행위나 온전한 몸짓으로 나타난다. 이 열정으로 공부하고 연습하는 대상에 생기를 불어넣는다. 그리하여 무언가는 수학이 되고, 언어가 되며, 목재나 그림이 된다. 이렇게 교사는 학생들과 교과 내용이 만날 수 있게 만들며, 이 과정에서 학생은 시간관념조차 잊게 된다. 즉 교사는 학생을 일상의 시간에서 분리하여 집중을 요구하는 시간, 말하자면 지금 이 순간에 참여하게 만든다.

교과목과의 각별한 관계를 의미하는 열정은 교과 내용이 본래의 쓰임에서 분리되고 풀려나 자유롭게 되어 교사와 학생 모두에게 공부와 연습의 대상이 된다는 사실과 관계된다. 그레고리우스가 지적했듯이, 바로 그 순간 단어는 온전히 단어가 된다. 교과목에 대한 교사의 존경, 집중, 헌신, 열정이 교과목에 대한 사랑을 이룬다. 교사가 몰두하고 있는 내용의 본질에 대한 존경과 집중의 방식으로 사랑이 표현된다. 말하자면 목재가 목공에게 특정한 방식으로 작업할 것을 요구하듯, 교사는 학생들에게 언어와 수학에 대한 집중을 요구한다. 교육 내용에 대한 존경과 집중은 헌신을 요구하기도 한다. 우리는 특정한 방식으로 목재에 빠져들고, 영어, 수학 등 다른 교육 내용에도 빠져든다. 나아가 열정의 형태가 존경, 집중, 헌신의 관계에 동반된다. 아마추어 교사는 일정 정도 수동적인 방식으로 이 모든 것을 구성한다. 교사는 자신의 교과목, 교과 내용으로부터 영감을 받는다.

우리는 어떻게 아마추어 교사를 알아볼 수 있을까? 아마추어 교사는 자신이 가르치는 지금 이 순간, 자신의 말과 행위를 통해서 자신이 누구인지, 어디에 서 있는지 입증한다. 그런 교사는 숙련mastery된 교사라 칭할 만하다. 교사가 지닌 지식과 역량은 일정 수준의 전문성을 보장하지만, 교사의 숙련은 지금 이 순간의 교육활동을 소중히 여기고 헌신하는 데서 드러난다. 아마추어 교사는 자신의 교실에서 교과 내용을 특정한 방식으로 구체화하는 바로 그 순간에 드러난다.

> 그들의 정신이 온전히 여기 있게 하려면 내 수업에 안착하도록 도와주어야 한다. 안착시키는 방법? 그것은 결국 절대적으로 현장에서 습득된다. 내가 유일하게 확신하는 건, 내 학생들의 현존이 나의 현존에 밀접하게 의존하고 있다는 점이다. 학급 전체와 무엇보다 학생 개개인에 대한 나의 현존에, 또한 내 과목에 대한 나의 현존에, 그리고 내

수업이 진행되는 오십오 분 동안 육체적이고 지적이고 정신적인 나의 현존에 의존하고 있다.[23]

수업에 완전하게 몰두하는 선생님의 현존은 단번에 감지된다. 아이들은 학기 첫 순간부터 그것을 느끼며, 우리 모두가 그것을 경험했다. 선생님이 막 들어선다. 그는 절대적으로 여기 있다. 그것은 그가 바라보는 방식, 학생들에게 인사하는 방식, 자리에 앉아 자기 책상을 차지하는 방식에서 나타난다. 그는 아이들의 반응을 걱정하며 두리번거리지 않으며, 자기 안으로 움츠러들지도 않는다. 그는 처음부터 바로 자기 일에 빨려 들어가 그 자리에 현존하고, 아이들 각자의 얼굴을 구별해 내며, 학급은 즉시 그의 눈앞에 존재하게 된다.[24]

아! 내 마음을 담지 않았던 수업에 대한 쓰디쓴 추억이여! 그런 날은 내 힘을 다시 불러 모으려 애쓰는 동안 학생들이 부유하며 조용히 표류하는 게 느껴졌다. 수업을 망치는 그 느낌… 내가 그곳에 없으니 아이들도 더 이상 없고, 우리는 분리되었다. 그래도 시간은 흘러갔다. 나는 수업을 하는 사람의 역할을 하고 아이들은 듣는 역할을 한다.[25]

---

23. 다니엘 페낙 지음(윤정임 옮김, 2014, p. 156), Daniel Pennac, p. 105.
24. 위의 책, p. 159/ ibid. pp. 106-107.
25. 위의 책, p. 157/ ibid. p. 105.

아마추어 교사는 완벽을 추구한다. 이때 완벽주의는 병리적 정신 상태가 아니다. 영어교사의 완벽주의는 자신이 담당한 영어에 집중하고 존중하는 것이며, 그가 가르치는 내용은 정확해야 한다. 우리는 교사가 수업을 준비하는 태도를 통해서 아마추어 교사를 알아볼 수 있다. 교사는 자신의 수업뿐 아니라 자기 자신도 준비한다. 교사는 자신을 집중하고 헌신하는 태도로 가득 채워 열정적인 상태로 교단에 선다. 준비 그 자체가 성공적인 수업을 보장하지는 않지만 필수요건이기도 하다. 교사가 준비가 되었는가의 문제는 문자 그대로도, 비유적으로도 소소하지만 중요한 문제이다. 멀리서 보면 무의미한 습관이나 의식처럼 보일 수도 있지만 준비된 교사는 교실에 들어서기 전 소소한 문제들을 관찰한다. 그리하여 모두를 어느 순간 한데 불러 모을 것이다.

아마추어 교사는 자신의 학생들에게 어떻게 다가서는가? 전적으로 숙련된 교사는 학생들의 흥미를 자극하여 관심을 이끌어 낸다. 학생들은 자기 자신에게만 관심이 있는 아이 같은 사람을 원하지 않는다. 그들은 다른 무언가에 관심이 있는 사람, 그리하여 관심거리를 만들어 낼 수 있는 사람을 원한다. 페터 한트케Peter Handke[26]는 어렸을 적 얼마나 학교에 가기 싫어했는지, 선생님 말씀에 아무

26. 옮긴이 주: 저자가 언급하는 페터 한트케(Peter Handke)는 오스트리아의 작가로서 우리에게 『관객모독』으로 잘 알려진 인물이다. 그는 전위적인 작품활동을 통해 기존의 관습과 생각을 깨는 시도를 많이 하였으며, 2019년 노벨 문학상을 수상하였다.

런 관심이 없었던 자신의 어린 시절을 기술했다. 그랬던 그의 관심을 끌었던 유일한 시간은 선생님이 학생들 앞이라는 것을 까먹었다는 듯 말씀하실 때뿐이었다고 한다. 특정인을 대상으로 말하는 것이 아닌 교사 자신의 말에 이끌려 말하는 그 순간은 자기 말에 정신이 나간 게 아니라absent 그 자신이 온전히 드러난 순간이다. 바로 그 순간에 그의 학생들은 비로소 흥미가 생긴 것이다.[27] 한트케가 기술하는 그의 선생님은 아마추어 교사일 것이다. 자신의 교과목과 교육 내용에 대한 사랑을 보이는 교사는 그 속에서 자신의 학생에 대한 사랑도 보이게 되는 것이다. 바로 그 순간 교과목에 대한 사랑과 학생에 대한 사랑이 밀접하게 연결되며, 숙련된 교사는 사랑이 스며든 가르침의 형성적 측면에서 바로 드러난다.

이때 형성formation은 부차적이거나 추가적인 임무라든가 역량이 아니다. 매 수업을 구성하는 것이면서 동시에 모든 교과목의 과정에 모든 교육 내용에 요청되는 부분이다. 잘 준비된 수업에서 계속해서 제시되는 형성이야말로 흥미와 집중의 가능성이다. 이때 형성은 '오늘은 교과목과 관련된 지식과 기술보다는 형성에 집중하겠다'는 식으로 의도하여 얻는 것이 아니다.

이 점에서 아마추어 교사는 '교과목에 대한 사랑'을 온전히 가르칠 수는 없다는 점을 잘 알고 있다. 교사는 학생들에게 연습하라든

---

27. Peter Handke(2002). *Der Bildverlust oder Durch die Sierra de Gredos*. Frankfurt am Main: Suhrkamp, p. 102.

가, 준비하라든가, 활동에 몰두해 보라고 할 수 있다. 교사는 지시사항을 전달하고 규칙을 제시한 뒤, 공부하고 연습하는 데 요구되는 노력과 헌신을 강조한다. 이 점에서 우리는 훈육에 대해 논할 수도 있다. 훈육은 무언가를 가능하게 만드는 것으로, 동시에 교사와 학생이 닫힌 교실이라는 지금 이 순간의 시간으로 불러 모은다.

> "자네 말이 맞아. 내 동료들도 나를 19세기 교사 취급한다네! 그들은 내가 외적인 존경의 표시를 수집한다고 생각하지. 줄을 맞추게 한다거나 걸상 뒤에 서 있게 하는 건 옛 시대의 향수에 기인하는 거라고 말이야. 하지만 그건 누구에게도 해가 되지 않는 약간의 예의일 뿐이야. 그런데 이 경우는 문제가 좀 달라. 아이들을 조용히 자리에 앉힘으로써 나는 그 애들이 내 수업에 안착하는 시간, 침착함 속에 시작하는 시간을 주는 거거든. 나로서는 애들의 얼굴을 살펴보고, 결석한 애가 누구인지 알아내고, 모이고 흩어지는 한 집단을 관찰하는 거야. 요컨대 그 반의 아침 온도를 재는 거지."[28]

『학교의 슬픔』에 언급된 여러 사례는 교사가 무대의 한가운데 오

---

28. 다니엘 페낙 지음(윤정임 옮김, 2014, p. 166), Daniel Pennac, pp. 111-112.

를 필요는 없다는 점을 분명히 밝힌다. 이 문제는 교과 내용과 무관하며, 교사는 자신이 가르치는 내용과 스콜라스틱 교육의 테크닉, 그리고 교과 내용을 연습하고 공부하는 데 요구되는 놀이의 규칙을 드러내기 위해 그 자신이 드러나는 일을 자제한다.

스콜라스틱 훈육에서 핵심은 놀이의 규칙이다. 사랑의 교사에게 훈육은 텅 빈 껍데기에 불과한 것도 아니고, '구제 불능'의 세대를 대항하기 위해 필요한 전투복도 아니다. 훈육은 교과목과 학생에 대한 사랑에서 우러나온 규칙으로, 교사는 이 점을 명시하며 자신의 말과 행동에 반영한다. 수업에서 훈육은 학생들에게 지금 이 순간에 주의를 집중할 기회를 주기 위해서 필수적인 방법이다. 훈육이 교사의 통제에서 벗어나면, 그때는 그야말로 '19세기' 취급을 받거나 권위를 잃고, 구식의 규칙으로 새로운 규칙으로 대체될 운명을 맞이할 것이다. 이 경우에 스콜라스틱 훈육은 징벌과 보상체계로 변질된다. 요즘 들어선 인센티브와 계약을 기반으로 한 수업 경영이 되기도 한다. 사랑의 교사가 교과목에서 제시하는 훈육은 공부하고 연습하게 만드는 훈육으로서 이와는 전혀 다른 유의 질서를 따른다.

사랑의 교사가 스콜라스틱 교육의 테크닉과 훈육을 통해 조성한 흥미와 집중은 평등의 관점에서 이해될 수 있다. 훈육은 학생이 공부하고 연습하는 일에 자신을 제한하되, 개별적 요구라는 식의 탈선에 빠지지 않도록 만든다. 공부하고 연습하기 위해 개별적 요구에 경도되지 않고 훈육을 강조하는 것은 교사가 '구제불능아'를 포함한 모든 학생들에게 새로운 기회를 주는 것을 의미한다.

> 그분들이 다른 아이들보다 나에게 더 관심을 가졌기 때문이 아니다. 그렇지 않다. 그분들은 공부 잘하는 아이들이나 못하는 아이들이나 공평하게 대했고, 단지 공부 못하는 아이들에게 이해하려는 욕망을 되살려 줄 줄 알았던 것뿐이다. 그분들은 내 노력을 한 걸음 한 걸음 함께해 주었고, 우리의 진전을 기뻐했으며, 우리의 느림에 소바심 내지 않았고, 우리의 실패를 결코 개인적인 모욕으로 치부하지 않았으며, 가르치는 일의 특성과 일관성과 관대함에 근거한 더없이 엄격한 까다로움을 우리와 함께하는 가운데 보여 주었다.[29]
>
> 이 선생님들이 우리와 공유했던 것은 단지 앎만이 아니라, 앎에 대한 욕망 자체였다! 그리고 나에게 나누어 준 것은 그 앎을 전달하고픈 의욕이었다. 그 결과, 우리는 뱃속의 허기를 느끼며 그들의 수업에 들어가곤 했다. 우리가 그 선생님들의 사랑을 받았다고는 말할 수 없지만, 분명

29. 다니엘 페낙 지음(윤정임 옮김, 2014, pp. 322-323), Daniel Pennac, p. 224.

> 관심(요즘 젊은이들 말로 하자면 존중)을 받았고, 그 관심은 우리의 숙제에 써 놓은 교정 문구들, 우리들 각자에게 일일이 건네주었던 그 코멘트에도 나타나 있었다.[30]

이렇듯 교사는 특정인이 아니라 모두에게 관심을 보인다. 그렇다고 학생의 개별적 질문이나 요구가 무시되거나 고려되지 않는다는 것도 아니다. 다만 그것이 교사의 사랑에 출발점일 수는 없다는 말이다. 출발점은 교과목에 대한 사랑, 교과 내용에 대한 사랑, 학생에 대한 사랑이다. 사랑은 열려진 세계, 공유되는 세계 내에서 표현된다. 그 안에서 교사는 모두가 흥미를 가지고 집중하여 공부하고 연습할 수 있다는 평등 외에 다른 것을 전제하지 않는다. 즉 교사는 학생이 처음부터 다르다고 생각하지 않으며, '그 학생이 할 수 없다는 것이 명백하지 않으냐', '그는 그 능력 자체가 없다'라는 식으로 시험 결과가 그 어떤 객관적 지표가 된다고 간주하지 않는다. 교사가 교과목을 사랑하고 학생을 사랑한다는 것은 적어도 이런 식으로 체념하지 않는다는 것이다. 학생이 자기 자신에 대해 떠들어 대는 각종 실패나 어리석은 이야기들, 다른 사람이 그들에 대해 말했던 것들 뒤에 학생이 숨어들도록 사랑의 교사는 내버려 두지 않는다. 이처럼 아마추어 교사는 자신의 교과목을 사랑한다. 그리고 모

---

30. 다니엘 페낙 지음(윤정임 옮김, 2014, pp. 325-326), Daniel Pennac, pp. 226-227.

두가 자신이 사랑하는 그 교과목에 빠져들 수 있는 기회, 그런 시간을 부여받아야 한다고 굳게 믿는다.

학생은 사랑의 교사, 숙련된 교사에 어떻게 반응하는가? 이 점에서 우리는 학교에 관하여 종종 경시되는 측면을 논하고자 한다. 스콜라스틱 교육의 전형은 학생 개인에 대한 문제가 아니기 때문에 개별 학습이라고 불리는 교육과 거리가 멀다. 수세기 전 퀸틸리아누스Quintilianus가 기록했듯이, 교사의 역량과 기술, 그리고 열정은 학생 개인이 아닌 학생 집단을 대상으로 할 때 비로소 발휘되기 때문이다. 그 이유는 간단하면서도 심오하다. 교사는 학생 개인이 아닌 학생 집단을 대상으로 말함으로써 모두에게 주의를 기울이게 된다. 집단에게 말하는 방식으로 교사는 개별 학생에게 말하며, 학생 개인을 특정하지 않기 때문에 모두에게 말할 수 있는 것이다. 교사와 학생 간에 온전히 개인적인 관계는 불가능하며 그런 시도는 오히려 교육을 끊임없이 방해하는 것이다. 교사가 공적으로 말하고 행하는 것이 이 놀이의 규칙이다. 스콜라스틱 교육의 훈육은 교사가 담당하는 학생 집단을 대상으로 한다. 그렇게 함으로써 교사가 책상 위에 올려놓는 무엇이든 공공재가 된다.

학생이 경험하는 스콜라스틱 교육의 전형적인 경험은 '할 수 있다'는 경험으로, 학생 집단 속에서 공유되는 경험이다. 이는 이전 세계에서 가져온 무언가를 학생이 속한 새로운 세대의 것으로 변화시키는 경험이다.[31] 그 속에서 흥미가 생기고, 주의하여 집중하는 가운데, '형성formation'이 일어난다. 이렇게 형성되는 학생 공동체는 독특한 공동체이다. 왜냐하면 이전에는 서로 공동체를 구성할 만한 것이 없던 상태에서 책상 위에 오른 무언가와 마주하는 경험을 공유하고, 그리하여 세계를 새롭게 하는 능력을 구체화하는 경험 속에서 공동체가 형성되기 때문이다. 물론 학생마다 옷도 다르고, 종교, 성, 가정환경이나 문화도 다르기 때문에 차이는 존재한다. 그러나 이 차이는 교실 책상 위에 오른 무언가를 마주할 때 한시적이나마 유예된다. 그리고 그 안에서 주어진 과업에 함께 참여하면서 공동체가 형성되는 것이다.

이 점에서 스콜라스틱 교육의 공동체는 세속화된 공동체라고 볼 수 있다. 이때 일반적으로 공동체를 규정하는 정체성이나 역사, 문화 같은 기존의 요소들이 무력화된다. 세속화된 공동체에서 일반적으로 공동체를 규정하는 것들이 전부 다 소멸된다는 것이 아니라, 그것들은 공부하고 연습하기 위한 공공재가 되어 새로운 의미와 쓰임이 가능해진다는 것이다.

그러므로 학교는 어떤 모양새가 되어도, 결코 정치적 과업으로서 교화나 사회화를 위한 공동체를 구성하는 역할을 담당해서는 안 된다. 스콜라스틱 교육은 공동체가 형성되는 경험 자체가 중시되는 시

31. Hannah Arendt(1961). The Crisis in Education, in H. Arendt, *Between Past and Future: Eight Exercises in Political Thought*(pp. 170-193). New York: Penguin(한나 아렌트 지음, 『과거와 미래 사이: 정치사상에 관한 여덟 가지 철학연습』, 서유경 옮김, 푸른숲, 2005).

간과 공간이다. 바로 이 점에서 우리는 소위 말하는 학교의 사회적 기능에 이의를 제기하는 바이다.

7.
준비
형성되기, 숙련되기, 교육받기, 한계를 시험하기

CEO에게 '학교의 임무' 같은 질문은 생소하다. 솔직히, CEO는 그런 질문에 완벽히 답할 수 없다. 물론 내 직원들이 알아야 하는 것, 할 수 있어야 하는 것에 관하여 목록을 작성할 수도 있고, 그에 따른 커리큘럼을 짤 수도 있다. 그런데 이 말은 모든 회사가 학교를 세워야 한다는 말과 같다. 모든 회사뿐 아니라 이 사회에 있는 모든 집단이 말이다. 이런 생각은 사회 내 학교의 역할을 잘못 이해하고 있는 것이다. 특정 역량을 가르치는 일, 그것은 우리의 일이다. 이는 훈련이자 직무 학습이다. 그리고 이 점에서 나는 솔직하게 말해야겠다. 내 사업에 필요한 것, 내 사업을 필요로 하는 사람들은 정말이지 빨리 변한다. 그래서 나는 때로 학교에서 특정 역량을 가르치고 있다고 젊은이들을 속이고 있는지 모르겠다. 교육을 마칠 즈음이면 이 모

> 든 역량은 쓸데없는 일이 될 수도 있다. 학교의 임무가 무엇이냐고 내게 묻는다면, 그것은 CEO에게 하는 질문이 아니라 한 사회의 구성원으로서 시민에게 묻는 것이다. 그리고 시민의 관점에서 비즈니스의 세계와 그 전반을 본다면, 이렇게 말해야겠다. 내가 찾는 것은 무수한 핵심역량을 갖춘 젊은이가 맞다. 그러나 우선 숙련된 능력을 가지고 특정한 것에 꾸준히 흥미를 가진 젊은이다. 모든 것을 알고 있다는 듯 허세 가득한 인물도 아니고, 머리에 든 것은 있지만 역량이 부족한 인물을 찾는 것도 아니다. 세상 물정에 밝은 사람, 모든 부문이 두루 개발된 인물, 무언가에 빠져 있는 인물을 찾는다. 아마도 CEO는 스콜라스틱 교육에 관해 뭔가 도움이 될 만한 말을 할 수도 있겠다. 왜냐하면 나는 그런 학교가 내 회사를 위해 존재하는 것이 아니라는 것쯤은 잘 알고 있기 때문이다. 학교는 나에게 젊은이들이 무엇에 열중해야 하는지에 관한 사회적 대화에서 의견을 제시하라는 책무를 부여한다.

학교의 목적은 무엇인가? 학교의 의미를 설명할 때면 대체로 학교의 목표와 기능에 대해 논하게 되는데, 이 경우 사회, 문화, 취업률 혹은 고등교육같이 학교 외적인 부문을 고려하게 된다. 일반적으로 우리가 생각하는 학교는 학생을 비판적으로 독립된 개인으로 성장시키는 일반교육이나, 직업세계나 고등교육 진학을 위한 준비교육으로 이해된다. 아마도 학교는 이 모든 일을 동시다발로 하고 있다고 볼 수도 있고, 어느 정도는 동의되는 바이다.

다만, 이렇게만 보면, 학교가 실제로 하는 일은 경시될 위험이 있다. 이때 학교의 임무는 명시적으로나 암묵적으로 '취업 가능한 employable' 인간을 양성하는 것으로 노동시장에서든 고등교육 기관에서든 새로운 일에 즉각 착수할 수 있도록 젊은이를 준비시키는 일로 이해된다. 각종 학습법 담론과 더불어 역량 기반 교육이 성행하는 이유도 취업 가능성을 보장한다는 암묵적 이해와 관련된다는 것은 빈말이 아니다. 직무역량이나 시민역량과 같이, 역량은 노동시장과 사회의 요구와 필요에 명시적으로 관련된다. 소위 역량을 개발하는 교육은 직업세계나 사회 전반에서 요구하는 '수행능력'을 교육과 직결시킨다. 다른 말로 하면 직업세계와 사회 전반의 관계자가 요구하는 역량에 대해, 이들이 교육에 직접 관여할 자격이 있다는 말이 된다. 지식, 기술, 태도 등으로 표현되는 역량은 효과적이고도 구체적인 방식으로 사용될 수 있어야 한다. '취업 가능성'이라는 단어야말로 오늘날 학교의 목적으로 거론되는 담론이며, 이는 학생뿐 아니라 교직원 모두에게 해당한다.

그러나 스콜라스틱 교육에서 다루는 지식과 기술이 노동시장과 사회에 효과적으로 연계될 수 있다는 전제가 엄청난 착각은 아닌지 생각해 볼 필요가 있다. 이 전제에 대해 졸업생과 '수요 측' 모두가 엄청난 착각을 보이기 때문에, 이 질문은 심도 있게 다루어져야 한다. 물론 그렇다고 이런 착각으로 인해 학교가 더욱 급진적으로 개혁해야 한다는 것은 아니며, 실제로 그랬다간 학교가 사라져 버릴 것이다. 대안적으로 생각해 보면, 이 착각을 바로 짚는 일은 학교의 의미가 무엇인지 구별하여 보이는 근본적인 출발점이 될 수 있다.

문제는 취업 가능성이나 교육의 잠재적 생산성을 극대화하는 데 경도되어 스콜라스틱 교육이 잠식되는 것이다. 취업 가능성 담론이 전달하는 메시지는 모호한데, 우선 스콜라스틱 교육과 마찬가지로 취업 가능성 담론에서도 지식과 기술을 책상 위에 올려놓는다. 차이점은 취업 가능성 담론에서 지식과 기술은 자유롭게 풀려나거나 양도되지 않는다는 것이다. 이때 전제된 메시지는 명확하다. 즉, 무엇보다도 알아두는 것이 중요하다, 이런저런 방식으로 해야 한다, 그러면 이러저러한 역량을 얻게 될 것이다, 그러지 못하면 사회에서 성공하지 못한다, 혹은 일자리를 찾을 수 없게 된다 등. 취업 가능성 담론에서는 세계를 새롭게 하는 경험이나 기회도 없고 흥미를 가져 보는 경험, '할 수 있다'의 경험은 없다. 엄격한 사회와 노동시장의 까다로운 요구가 계속되면서 스콜라스틱 교육의 경험이 사라져 버렸다.

자기 형성과 같이 '형성되기formation'는 준비preparation에 관한 것이다. 고등교육이나 노동시장에서도 구체적인 일을 준비시키기는 하지만, 그 자체가 학교에서는 우선 과제는 아니며, 중요한 것은 준비 그 자체이다. 학교에서 준비는 공부하고 연습하기 위한 자격을 갖추는 일로 생산성, 효율성, 취업 가능성을 목표 삼는 것은 잠시나마 괄호 쳐지거나 해제된다. 학교는 준비 자체를 강조하는데, 스콜라스틱 교육에서 준비란 자기 자신이 되는 일이자 숙련되고 잘 교육받게 되는 일이다. 교육 내용을 익히고 문해력을 갖추는 일은 형식적인 역량이 아니지만 헛된 일도 아니다.

스콜라스틱 교육을 지향한다면 학교의 사회적 기능이나 역할을 묻기보다는 사회가 학교를 위해 할 수 있는 일이 무엇인지 물어야 한다. 즉 사회에서 중요하게 여기는 것을 학교 안에서 어떻게 '다룰지' 자문해야 한다. 그렇다고 사회나 노동시장을 학교 밖으로 배제한다거나, 유해한 영향으로부터 보호하기 위해 학교를 일종의 섬으로 만들어야 한다는 것이 아니다. 일면, 학교는 젊은 세대가 공부하고 연습하며 준비되기 위해 적합한 교육 내용이 무엇인지 판단해야 할 책임을 사회 안에서 떠맡았다. 이 과정에서 학교는 사회를 반성하게 만들며, 사회는 중요한 것을 식별하여 대변해야 할 책무가 있다.

이렇게 특정한 방식으로 사회를 대변하는 학교는 일상의 생산세계에서 면책되어 자유시간을 부여한다. 그런데 사회에서 규정하는 전문적 역량 자체에는 아무런 문제가 없지만, 학습이라는 미명으로 공부와 연습을 역량으로 대체하여 이를 학교에서 학습을 통해 산출해야 할 성과물로 간주하는 것이 문제이다. 전문적 역량이 중시되는 오늘날의 교육 과제는 역량에 상응하는 교육 내용을 찾는 것이 되었다. 그러나 학교에서 다루어야 할 고유한 일은 교육 내용이지 프로필이나 역량이 아니다.

스콜라스틱 교육을 위한 학교는 학습learning하는 곳이 아니다. 이런 주장이 말도 안 된다고 생각될 수도 있는데, 오늘날 학교는 학습을 위한 공간이자 시간이라는 것이 자명하게 여겨지기 때문이다. 오늘날의 교육 담론에서 학교는 학습을 위한 곳이지 교육을 위한 곳은 아니라는 주장이 되풀이되고 있다. 학습자 중심의 학습은 수동적이지 않고 능동적이며, 학교는 충분한 '학습 공간learning environment'이 되어야 한다고 말한다. 그러나 잠시만 생각해 봐도 학교를 학습 환경으로 간주하면 스콜라스틱 교육의 본질이 흐려진다. 무엇보다도 학습은 모두가 어디에서든 항상 경험할 수 있는 것으로, 학습조직, 학습사회 등 특정 기관이나 사회 내에서 학습이 가능하다. 한 사람의 인생에서 중요한 학습 중 하나인 모국어 학습과 같이 우리는 학교 밖에서 더 빨리 학습한다는 주장은 익히 알려져 있다. 이처럼 학교 밖에서도 가능한 학습이 학교를 학교답게 만드는 일이라고는 할 수 없다.

그렇다고 학교에서 아무것도 배우지 않는 것은 아니다. 스콜라스틱 교육에서 학습은 독특하게도 즉각적인 목적이 없다. 그렇다고 학교가 학습법을 학습하는 곳이라고도 할 수 없다. 왜냐하면 학교에서 수학이나 영어, 목공예, 요리 등을 구체적으로 배우기는 하지만 그것은 무엇을 위한 학습이 아닌 그 자체를 위한 일이기 때문이다. 학교는 무언가를 가까이서 자세히 살펴보고, 집중하여 파고드는 것을 목적으로 하여 공부하고 연습하는 곳이다.

이때 공부하고 연습하는 일study/exercise은 학습learning과 구별되어야 한다. 공부의 사전적 의미는 학습의 한 형태인데, 공부의 독특한 점은 그 과정에서 무엇을 배우거나 배울 수 있을지 미리 알 수 없다는 것이다. 공부란 '기능function'이 없는 열린 결말이자 사건event으로, 결과적 목적이나 외재적 기능과 무관할 때 비로소 가능하다. 공부와 연습에서 다루는 지식과 기술은 그 자체를 위한 것일 뿐 아무런 목적이나 달성 목표가 정해져 있지 않기 때문에 공부와 연습을 통한 '형성'은 기능성과 관련이 없다. 결과적으로 '학교 경험'이란 무언가를 '해야 한다'가 아니라 '할 수 있다'는 경험으로서 순수하게 방향과 목적지를 탐색하는 자기 능력에 대한 경험이라고 할 수 있다. 이러한 차원에서 학교는 일정한 자유를 의미하는데, 이는 가만히 내어 주는 일로서 고정된 목적 없이 새로운 목적에 열려 있는 상태를 만든다. 즉 학교의 자유시간은 목적이 없는 시간이라고 할 수 있다.

마르그리트 뒤라스의 소설은 바로 이렇게 고독하고, 열린, 불확정성의 학교를 잘 묘사하고 있다. 이 소설의 등장인물은 등교를 거부하는 소년이다.

어머니 보셨지요, 선생님. 이 아이가 어떤 아이인지를요.

선생님 보고 있습니다.

선생님은 미소 짓는다.

선생님 그런데 자네가 배우는 것을 거부한다는 바로 그 학생인가?

에르네스토는 대답하기 전에 오랫동안 선생님을 바라본다. 아, 에르네스토에게서는 지극한 다정함이 배어 나온다.

에르네스토 그렇지 않습니다, 선생님. 배우는 것을 거부하는 게 아니라 학교에 가는 것을 거부하는 것이지요.

선생님 왜 그러지?

에르네스토 말하자면 그럴 필요가 없기 때문이지요.

선생님 무엇이 필요 없다는 건가?

에르네스토 학교에 가는 것이요. (얼마가 지난 뒤) 그것은 아무짝에도 쓸모없어요. (잠시 후) 학교에 다니는 아이들, 그들은 내버려진 아이들이에요. 어머니는 아이들 스스로가 내버려진 존재라는 것을 배우게 하기 위해 학교에 보내지요. 그것은 어머니가 자신의 거추장스러운 존재인 아이들을 떼어 버리는 것과 같은 일이에요.

침묵.

선생님 에르네스토군, 자네는 무언가를 배우기 위해서라도 학교가 필요하지 않았나….

에르네스토 바로 그거예요, 선생님. 제가 모든 것을 알게 되었던 곳은 바로 학교였어요. 집에 있을 땐 저의 멍청한 짓에 대해 어머니가 끊임없이 잔소리하는 것이 일리 있다고 생각했지요. 그런데 학교에서 저는 어떤 커다란 사실을 직면하게 된 제 자신을 발견했어요.

선생님 말하자면, 어떤 것이지?

에르네스토 바로 신의 부재예요.

길고 거의 완벽하게 이들 사이를 흐르는 침묵.[32]

에르네스토가 "신은 없다"는 진리와 마주한 이 대목은 소년이 자연의 고정된 목적이나 최종적인 것이 없음을 깨달은 것이다. 그렇다고 학교가 무의미하다는 것은 아니며, 우리가 강조하는 학교의 의미는 공부와 연습을 통한 '형성되기forming'에 있다는 점이다. 형성되기는 '잘 형성된 인간'이라는 미리 결정된 관념에서 비롯된 개념이 아니라 순수한 준비라는 열린 사건으로서 예정된 목적이 없는 준비이다. 이는 특정한 '형태'가 되어야 한다든가, 반드시 그 형태로 준비된다는 것이 아니고, 일반적으로 통용되는 잘 교육받음, 숙련되고 성숙함을 의미하는 것도 아니다. 준비된 상태는 역량을 갖춘 상태,

---

32. Marguerite Duras(1990). *Zomerregen* [Summer Rain]. Amsterdam: Van Gennep, pp. 59-60(마르그리트 뒤라스 지음, 『여름비』, 김정숙 옮김, 고려원, pp. 105-106).

고용 가능한 상태와 구별되며, 이 점에서 학교의 기본적인 역할은 읽기, 쓰기, 셈하기, 그리기뿐 아니라 요리하기, 목공 작업하기, 체육 교육 등과 같이 '기초지식'과 '기초기술'을 가르치는 것이 당연하다. 우리는 이러한 지식과 기술을 가지고 공부하고 연습하여 '형성되기'를 준비한다.

마지막으로 스콜라스틱 교육에서 준비와 관련된 요소로서 한계를 시험하는 행위에 대해 논하고자 한다.

> 의자에 앉아서 옆에 있는 사람을 살짝 밀어 본다. 그저 상대가 어떻게 나오는지 보려고 말이다. 계속해서 상대의 어깨를 찌르고 머리를 두드린다. 상대가 반응하는가? 옆 사람의 것을 가로채 본다. 그의 손에서 낚아챈다. 그에게 원한이 있기 때문이 아니라, 그냥 해 본 것이다. 만약 자신이 이런 식의 공격을 받게 된다면, 즉각 소리 지른다. 어떤 일이 벌어지는가 보려고 말이다. 옆 사람이 다른 쪽으로 고개를 돌리고 있는 사이에 사인펜을 들고서 그가 돌아보기를 기다린다. 그가 돌아보는 순간 그의 볼에 줄이 그어진다. 상대방의 펜이나 자를 바닥에 계속 던져 버린다. 한 대 얻어맞을 때까지 계속해서. 그제야 멈춘다. 잠시 다른 데로 관심이 옮겨졌다고 상대가 생각할 때까지만 말이다. 그리고 다시 같은 행동을 반복한다. 이런 행동은 때로 반

> 친구만 겨냥하는 것이 아니다. 누군가는 종이 한쪽을 씹다가, 천장에다 내뱉는다. 씹던 조각은 그렇게 수 주간 천장에 들러붙어 있다. 모두 다 한계를 시험해 보고 있다. 우선 서로를 향해서, 나중엔 교사를 향해서… 학교는 값비싸게 조성된 사회의 대규모 실험실이다. 여기에서 개인은 자신의 마음속에 있는 일을 해 볼 수 있다. 최근 몇 년간 자신이 겪은 변화를 시험해 볼 만한 최적의 공간이다.[33]

물론 학교만이 한계를 시험해 볼 수 있는 유일한 공간이라는 것은 아니다. 오늘날 소셜 미디어도 부분적이나마 이 역할을 담당하고 있는데, 다른 말로 하자면 소셜 미디어가 스콜라스틱 교육의 요소를 어느 정도 취한 것이라 볼 수 있다. 그 사이 학교는 치유적이고 처방적인 검사 도구를 활용해야 한다는 함정에 빠져들어 학생들이 자기 한계를 시험하는 일을 두고 '이 학생은 이것저것이 필요하다'는 신호나 '이 학생은 이런저런 일로 고통받고 있다'는 증상으로 규정하려 든다. 스테판 엔터Stephan Enter[34]가 설명하다시피 스콜라스틱 교육에서 한계 시험하기는 '그냥, 어떤 일이 일어나는가 보려고' 하

33. Stephan Enter(2007). *Spel*. Amsterdam: G. A. van Oorschot, p. 171(Cited text translated by J. McMartin).

34. 옮긴이 주: 저자가 언급하는 스테판 엔터(Stephan Enter)는 네덜란드의 소설가이다. 우리나라에는 아직 소개되지 않았지만 네덜란드에서 그는 단편소설 「Winter Hands」(1999)로 등단하였고, 본문에서 언급되는 *Spel*(2007)과 더불어 *Grip*(2011)을 통해 저명한 문학상을 수상하는 등 일반 대중에 널리 알려지게 되었다.

는 일이다. 한계 시험하기는 특정인을 겨냥하여 반응을 요구하거나 공격하는 것도 아니고, 무엇인가를 말하거나 신호를 보내 것도 아니며, 아무런 목적 없이 그저 해 보는 것이다. 바로 이렇게 시도해 보는 능력을 탐구하는 것이다.

8.

그리고 교육적 책무

혹은 권위를 행사하기, 삶과 세계로 인도하기

그렇다. 병원학교는 마지막 날까지 운영된다. 시한부 환자도 마찬가지다. '시한부 아이 좀 내버려 둬, 그냥 TV 보게 해 줘, 그 아이가 좋아하는 책을 좀 읽어 주고'라고 말하는 이도 있다. 그러나 교사는 이 아이를 진지하게 대하는 것이 중요하다고 생각한다. 설령 아이의 삶이 얼마 남지 않았어도 말이다. 정신을 온전히 쓰지 못할 정도로 아픈 아이는 거의 없다고, 교사는 생각한다. 의사가 이제 임종을 준비하라고 말하는 순간까지 최선을 다하듯 학교는 멈출 수 없다. 시한부 아이도 선생님과 함께 시간을 보낼 자격이 있다. 함께 무언가 할 시간 말이다. 교사는 바로 이 점을 잘 알고 있다. 이 모든 것이 눈물로 끝날지언정, 아이의 부모에게 교사는 자신의 자녀와 함께 시간을 보내는 사람이다. 그 시간에는 질병에 관한 대화가 아닌 덧셈, 뺄셈, 문법 혹은 곰을 그리는 방법 등에 관한 대화만 있다. 교사에게 이 아이는 환자가 아니라 학생이다. 교사는 이 아이가 교실에 있는 것 같은 태도를 갖출 것을 요구한다. 아픈 아이도 예의 바르게 행동할 줄 안다. '그럴 기분이 아니에요'는 선택지에 없다. 아이의 건강이 점차 악화되고 죽음이 위협할지라도, 교사에게는 여전히 덧셈, 뺄셈이나 문법, 그림 그리기가 중요하다. 이 점에 대해 학부모도 동의한다. 아이는 좋은 날도, 나쁜 날도 겪었다. 그리고 한 가지 확실한 것은 학교가 아이에게 세계를 열어 보인다는 것이다. 학교는 아이에게 자신의 질병에서 잠시 벗어날 수 있게 한다.[35]

그렇다. 이제 학교의 교육적 의미가 무엇인지 논할 차례이다. 그러기 위해서는 아마도 그다지 존경받지는 못하는 인물인 '교육자the pedagogue'란 누구인지 논의되어야 할 것이다. 오래전 노예에 불과했던 교육자는 이례적으로나마 인정받거나 공경을 받는 경우도 있었지만 통상 경멸의 대상이었다. 그러나 교육자가 실제로 아이를 집에서 학교로 데려가는 인물로 학교 일과 내내 아이 곁에 있던 인물이라는 점을 주목할 필요가 있다.[36] 지금까지 강조했듯이, 학교는 자

35. "일상을 지속하는 것이 이런 아이들에게 힘이 되는 것입니다"라는 기사를 기반으로 함. De Morgen, 10 September 2011, p. 6.

유로운 시간이자 막연한 시간이며, 생산적이지도, 생산적일 필요도 없는 시간을 의미한다. 특정한 일에 관련되지 않고, 가정과 사회의 의무에서 자유로운 시간 동안 아이는 온전한 개인이자 시민으로 성장한다.

이 점에서 볼 때, 교육자는 젊은 세대에게 자유롭고 막연한 시간을 부여하는 인물이자 실제로 존재하게 만드는 인물이라고 볼 수 있다. 소극적으로 말하면 교육자는 스콜라스틱 학교에 필요한 요소를 보증하는 인물이고, 적극적으로 말하면 스콜라스틱 학교에 필요한 요소를 실현되도록 만드는 인물이다. 이렇게 볼 때 아동의 교육적 형성pedagogical formation에서 중요한 역할을 담당하는 것은 가정이라고 알려져 있지만, 실상은 학교라는 점을 확인할 수 있다.

그렇기 때문에 아이를 교육하고 양육하는 일을 진정으로 이해하기 위해서는 학교에서 일어나는 일이 무엇인지 그리고 스콜라스틱 교육의 형태가 발휘하는 것이 무엇인지에 대해 먼저 이해해야만 한다. 이 질문이 본래적이고 근본적인 출발점이라는 것을 인정해야만 형성formation을 사회화나 보육 혹은 발달 지원 같은 개념과의 혼동을 피하게 된다. 아이를 형성하고 교육하는 것은 가정이나 문화, 사회에서 통용되는 가치를 받아들이고 적응하는지 확인하는 사회화

---

36. 옮긴이 주: 원문에서 언급하는 교육자(Pedagogue)의 어원은 고대 그리스어의 파이다고고스(Paidagogos)이다. 이를 직역하면 아이(Paida)를 데려가는 인물(+agogos)로서, 고대 그리스에서 파이다고고스는 교육을 담당하는 노예로 알려져 있으며, 우리말에는 교복(教僕)으로 번역되었다(박의수 외, 『교육의 역사와 철학』, 박영사).

의 문제가 아니며, 아이의 재능을 개발하는 문제도 아니다. 그렇다고 사회화와 재능 개발이 중요하지 않다는 것은 아니지만 아이를 형성하고 교육하는 것은 근본적으로 좀 더 다른 일과 관련된다. 그것은 말하자면 세계를 열어 보이는 일인데, 구체적으로는 단어의 세계와 같이 세계를 구성하는 것들을 연습해 봄으로써 드러나는 세계에 생기를 불어넣는 일이다. 이것이 바로 '스콜라스틱 교육의 시간'에 벌어지는 일이다.

통상 우리는 교육을 방향성과 목적이 제시된 유목적적 활동으로 이해한다. 유목적적 활동은 성인이 아동이나 젊은 세대가 해야 할 일이 무엇인지 지시하지만, 진정한 의미에서 교육은 무엇을 해야 할지 말하지 않는다. 교육은 사물이나 단어 혹은 연습의 세계를 변화시키는 일을 하는데, 구체적으로는 수학이나 영어, 요리, 목공예가 그 자체로 중요하다는 점을 확인하는 일이다. 네덜란드어로 '권위gezag'의 어원은 '말하다zeggen'이다. 이 어원에 따르면, 권위를 행사하는 것은 사물이 우리에게 무언가 말하게 하는 일이자 사물이 그 자체로 우리의 흥미를 끌게 만드는 일이다. 영어에서 '권위authority'도 유사한 의미를 지닌다. 권위는 세계를 만들어 내는 일author로서 세계가 우리에게 말을 걸고, 우리에게 집중을 요구하게 만든다.

교육은 세계에 권위를 부여하는 것이다. 세계에 대해서 말하는 것이 아니라 마주한 세계에 몰두하여 대화를 나누는 방식으로 교육은 세계에 권위를 부여한다. 교육이 해야 할 일은 세계가 젊은이에게 말하는지 확인하는 것으로, 이 점에서 자유시간을 의미하는 스콜라스틱 교육의 시간은 오락이나 휴식시간과 구별된다. 스콜라스틱 교육의 시간은 세계에 집중하고 존경하는 시간이자, 지금 이 순간에 몰두하여 만나서 배우고 발견하는 시간이다. 자유시간은 개별 요구를 충족하고 재능을 발달시키기 위한 자기만의 시간이 아니라 온전히 사물에 집중하는 시간으로서 자유시간에 다루는 내용이 개인의 요구나 재능, 각종 프로젝트보다 더 중요해지는 시간이다.

앞서 언급했듯이 어린이와 청소년에게 세계를 열어 보이는 것은 세계를 익숙한 방식으로 보인다는 것이 아니라 세계를 삶 속으로 데리고 와 그들의 주의를 집중시킨다는 의미이다. 아이와 청소년은 세계와의 관련 속에서 그들 스스로 새로운 세대이자 새로운 것을 시작해 볼 수 있는 세대로서 경험할 수 있게 된다. 아이와 청소년은 수학, 언어, 요리, 목공예의 세계 속에서 그 세계 안에 동참하는 경험을 하게 되며, 이를 통해 그들은 세계 안에서 시작해야 한다는 것을 깨달을 뿐 아니라, 시작할 수 있다는 점도 깨닫게 된다. 이 부분에서 교육은 민주적이고 정치적인 면을 지니는데, 이때 세계는 두 가지 방식으로 경험된다고 할 수 있다. 교육에서 세계는 공공재로서 모두의 경험이 되면서 동시에 '나는 해야만 한다'가 아닌 '나는 할 수 있다'라는 방식으로 나의 경험이 된다. 이는 우리 밖에 놓인 세계를 열어 보임으로써 공유된 세계에 아이와 청소년을 동참시키는 일이다. 그러기 위해서는 아이나 청소년의 즉각적인 세계에서 출발하기보다는, 수학이나 영어, 요리, 목공예와 같이 세계에 속한 것들을 소개하여 좀 더 넓은 세계로 안내해야 한다. 아이들이 교육 내용이 된 것과 문자 그대로 대면하여 다루어 보면서 무언가가 이들 삶에 의미 있는 것이 되는데 이 과정에서 청소년은 세계의 시민으로서 자신을 경험하게 된다.

세계 안에서 무언가에 흥미를 가지게 되고 공공재로 마주한 것에 그 자신이 동참하는 경험은 형식적으로 규정된 권리와 의무로서 그 자신을 경험한다는 말과 구별된다. 시민 역량이나 정치 관련 지식을 전달하기 때문에 교육이 정치적이고 민주적인 것은 아니다. 교육의 정치적인 의미는 세계를 자유롭게 하는 데 있다. 이를 통해 학생은 시민과 같이 공공재에 관여되었다는 생각으로 자유와 더불어 그에 수반된 돌봄의 의무를 따르게 된다.

교육은 자유시간과 관련된다는 점을 달리 설명해 보자. 전문가에게 자유시간은 생경하다. 그들의 시간은 계발과 성장의 시간이자 이미 규정된 시간으로 이런저런 일에 적합한 수순이나 성장 단계, 학습 기준 등과 같이 특정한 목적이나 기능을 가지고 재단될 수 있는 시간이다. '무조건 제시간에 따라잡아야 돼', '이걸 피하기 위해선 선제적으로 그 일을 해야 해', '좀 더 일찍 발견했다면 도움이 될 수 있었을 텐데…'라는 식으로 긴박함을 나타내기도 하고, 진단하려는 태도로 표출된다. 이는 타인과 비교하여 개인이 어느 정도에 위치하는지, 그리고 어느 정도 성장했는지 판별하는 검사 도구에 전제되는

흔한 발상이다.

그러나 교육자pedagogue로서 교사는 이전에는 없던 시간이기에 잃을 것도 없는 시간을 만드는 자이다. 시한부 환자를 위한 병원학교를 생각해 보라. 이 시간은 개인적 시간이 아니라 개인의 세계 너머에 있는 것에 빠져드는 데 사용되는 시간이다. 그러기 위한 시간을 낸다는 것은 덧셈, 뺄셈, 문법, 요리 같은 일 자체를 중시한다는 것으로 이 과정에서 아이는 일반적인 시간관념이나 목적은 잊게 되고, 자신이 하는 행위 자체의 의미와 가치를 발견한다. 자유시간은 '귀중한 시간'이란 의미가 아니다. 귀중한 시간이라면 다른 무엇보다 최우선 순위에 두어야 하는 것으로, 때로는 특정 요구 사항에 따라 변경이 가능한 시간일 것이다. 교육자로서 교사는 그런 식으로 분할되거나 할당된 시간을 해제하여 도래하는 세계를 사랑하고 흥밋거리가 될 기회를 마련한다. 흥미나 사랑이 없다면 세계의 시민은 개별 요구나 재능을 최우선시하는 소비자에 불과할 것이다. 그런 인간은 세계를 자기 욕구의 만족이나 개별적 재능 개발의 원천으로밖에 보지 못하는 욕구와 재능의 노예이다.

이 대목에서 우리는 책임이라는 막중하고도 부담스러운 용어와 마주한다. 지금까지의 논의를 종합하여 볼 때, 교사의 교육자적인 책임 혹은 스콜라스틱 교육의 책임은 아이 삶의 개발과 성장을 책임지는 것에 국한되지 않으며, 어린이들과 세계를 부분적이면서 개별적으로 공유하게 만드는 데에 있다. 스콜라스틱 교육의 책임은 다음의 두 가지 과제로 이행된다.

첫째, 교사는 아이가 하는 일의 직접적인 기능, 내용, 혹은 목적을 말해 주는 모든 전문지식으로부터 아이를 자유롭게 해야 한다. '아이를 아이답게 하라'는 주장은 빈말이 아니다. 이는 아이가 부모의 계획이나 의도를 잊게 만들라는 것으로, 고용주나 정치인, 종교지도자들의 계획이나 의도에도 해당한다. 공부와 연습에 충분히 빠져든 아이는 일반 세계를 잊는다. 모든 것에 기능과 의도가 붙어 있는 일반 세계와 더불어 전문가의 세계를 배제해야 한다. 전문가들에게 아이의 행동은 치료가 필요한 증상으로 보이기 때문이다. 유용성이나 가치에 관한 질문을 유예하고, 학생을 대상으로 한 이기적인 의도를 멈추어야 한다.

두 번째 과제는 단어와 사물, 그리고 이들 활용법에 권위를 부여하는 방식으로 아이의 흥미를 자극하는 것이다. 교육 내용이 되는 것은 개별 요구 밖에 존재하며 공통의 세계 사이에 있는 모든 것을 공유하여 형성되도록 만든다. 교육적 책임은 아이의 요구를 즉각적인 목표로 삼는 것이 아닌 교육 내용이 되는 것에 대한 책임이자 아이가 교육 내용과 맺게 되는 관계에 대한 책임이다. 교육자로서 교사가 교육 내용과 맺는 관계에서도 교육적 책임이 드러나는데, 이는 교사가 교육 내용이 되는 사물을 구체적인 형태로 학생에게 드러내는 일에 대한 책임으로서 교사의 태도에 따라 교육 내용은 학생 앞에서 가치 있고 '권위 있는 것'이 된다. 이렇게 교사는 아동과 청소년이 흥미를 가지고 빠져들 수 있는 세계를 나누고 소통할 수 있게 만든다. 사물이 그 자체의 권위를 행사할 때, 세계는 비로소 흥미로워진다. 영어로 흥미를 의미하는 interest의 라틴어 어원은 inter(사이에) -est(있음)로, 흥미는 문자 그대로 '우리 사이에 존재하는 것'이다. 우리가 사랑하는 우리 사이의 세계를 보임으로써 공공의 세계에 대한 흥미를 만들어 낼 수 있다. 그런데 가장 중요한 존재이자 흥미로운 존재가 청소년 자신이라고 듣고 자란 아이들은 어떻게 세계 안에서 흥미를 찾을 수 있겠는가?

'이전 세대로서 우리에게 가치 있는 것은 이것이다'라고 말하는 방식으로 교사는 세계에 대해 책임을 지며, 이를 통해 교사는 아이와 청소년을 온전히 학생으로 대하여 책임진다. 책상 위에 아무것도 올려놓지 않은 채, '나는 무엇이 중요한지 모른다. 너희에게 해 줄 말도 없고 말할 수도 없다. 스스로 찾아봐라'는 메시지만 준다면, 우리는 젊은 세대의 운명을 방치하는 것이며 그들이 세계를 새롭게 할 기회를 박탈하는 것이다. 아무도 이전 세계를 소개하지 않고, 이전 세계에 생기를 불어넣지 않는다면, 어떻게 젊은 세대는 세계를 새롭게 할 것인가? 어떻게 그들이 '새로움'을 경험할 수 있을 것인가?

그러나 동시에, 교사가 책상 위에 올려놓는 것이 무엇이든 자유롭게 되어야 한다. 교사는 공부와 연습을 통해서 아이와 청소년이 세계를 새롭게 할 수 있게 해야 한다. 이렇게 새로운 세대는 세계와 교류하며 그 안에 자기만의 의미를 부여하게 된다. '아이들에게 이것이 중요하다, 그러니까 너는 이것을 이 방식으로 다루어야만 한다'라고 한다면, 우리는 젊은 세대가 세계를 새롭게 할 기회를 박탈한 것이다. 바로 이 점을 한나 아렌트Hannah Arendt는 교사들에게 각별히 당부하며, 교사는 세계와 아이에 대한 사랑으로 교육해야 한다고 말한다. 그것은 구체적으로 '우리 이전 세대에게는 이것이 중요하다'고 표현되는 세계에 대한 사랑과 '새로운 세계를 구성하는 일은 너희 젊은 세대에게 달려 있다'고 표현되는 아이에 대한 사랑이다.[37] 바로 이것이 교사의 교육적 책임이다. 이 책임은 사랑과 밀접하게 관련되며, 이는 오늘날 교사에게 왕왕 요구되는 설명 내지는 해명하는 능력과는 거리가 멀다. 아이에 대한 염려와 세계에 대한 흥미로 표현되는 이 사랑이 책무성이라는 지속적인 압박으로 인해 어쩌면 상실된 것은 아닌지 모르겠다. 관련하여, 오늘날 학교와 페다고지 담론이 어떻게 길들여지고 있는지 자세히 논의되어야 한다.

---

37. Hannah Arendt(1961). The Crisis in Education, in H. Arendt, *Between Past and Future: Eight Exercises in Political Thought*(pp. 170-193). New York: Penguin(한나 아렌트 지음, 『과거와 미래 사이: 정치사상에 관한 여덟 가지 철학연습』, 서유경 옮김, 푸른숲, 2005). [옮긴이 주: 이와 관련하여 아렌트는 다음과 같이 요약한다. "교육은 우리가 세계에 대한 책임을 질 만큼 세계를 사랑할지, 같은 이유로 [세계의] 경신(更新) 없이, 즉 새롭고 젊은 사람들의 도래 없이는 파멸이 불가피한 세계를 구할지를 결정하는 지점이다. 또한 교육은 우리가 아이들을 우리의 세계로부터 내쫓아 그들이 제멋대로 살도록 내버려 두지 않고, 그들이 뭔가 새로운 일, 뭔가 예측할 수 없는 일을 할 수 있는 기회를 빼앗지 않으며, 또한 그들이 공통의 세계를 새롭게 하는 임무를 담당할 수 있도록 미리 준비시킬 정도로 그들을 사랑할지를 결정하는 지점인 것이다."(p. 263)]

4장

학교 길들이기

지금까지 논의했듯이, 학교는 고대 그리스의 도시국가에 출현한 역사적 산물로서 구시대적 질서에서 엘리트 계층이 점유했던 특권을 향한 명백한 공격이었다. 계급이나 출신에 관계없이, 모두에게 자유시간을 부여한다는 의미에서 민주적인 학교를 통해 평등이 가능해졌다. 학교 안에서 모두가 학생이라는 동등한 신분이 되고, 세계는 공공의 것이 된다. 그렇기 때문에 학교의 역할은 사회적 지위나 계급과 같은 특정 집단의 생활양식이나 문화로의 입문에 한정되지 않는다. 학교의 등장과 더불어 사회는 새로운 시작이나 재시작이 가능해졌다.

민주적이면서 공적이고 새로 시작할 수 있음을 근본적인 특징으로 삼는 학교로 인해 잃을 게 명백한 이들에게 학교는 출현 당시부터 불안의 원천으로 공포와 혼란을 야기했다. 때문에 등장 초기부터 학교를 길들이려는 시도가 빈번했다는 것도 쉽게 짐작할 수 있는

데, 이는 민주적이고 공적이며 새로 시작할 수 있는 학교의 특징을 통제하려는 시도로서 학교가 부여하는 공적인 시간과 장소, 그리고 '공공재'를 다시 전용하여 사유화하는 것이었다. 이 점에서 학교의 역사는 개혁과 혁신, 혹은 진보와 현대화의 역사가 아니라 길들이기의 역사로 이해되어야 할 것이다. 학교 길들이기의 역사는 학교를 없애거나 압박하고 억제하며, 중화neutralize하여 통제하려는 일련의 전략과 전술로 점철되었다.

이는 18세기와 19세기 초에 서구의 근대적 기관으로 등장한 학교에서 확인할 수 있다. 당시 학교의 재건적이고 급진적인 잠재력과 '시작하는 능력'을 일소하려는 시도가 있었는데, 이 점은 '이렇게 되어야 한다, 이 학습 재료를 반드시 사용해야 한다'라는 식으로 무엇을 책상 위에 올려놓아야 하는가라는 점에서 명백해진다. 제도institution로서 학교는 기존 사회에 수용된 것 혹은 계획된 미래와 관련되는 시민적 감수성이나 종교적 감수성과 같은 이미 확정된 이념에 봉사한다. 근대적 제도로 학교를 길들이려는 시도는 '교육 내용'을 기존의 질서나 새로운 사회 질서 내의 지식, 의미, 그리고 가치와 연결하려는 형태로 나타난다. 제도로서의 학교는 주어진 이념을 구체화해야 하는데, 주어진 이념을 통해서 학교는 통제되며 새로운 세대는 주어진 텍스트나 기술을 적절하게 사용하도록 지도받는다. 이전 세대를 대표하는 교사는 이러한 지식과 의미를 '교사 스스로' 만들어 왔던 역할에서 이미 만들어진 교육 내용을 전달하는 위치에 서게 되고, 제도로서의 학교는 예식ceremony에 따른 시간과 공간이 되어 이러한 내용을 전달하는 곳이 된다. 학교를 길들이는 데에는 각별한 주의가 따르기 때문에 '예식의 사제'인 교사가 주제하는 전달의 과정을 감시한다. 제도로서의 학교는 스콜라스틱 교육의 시간을 부정하여 젊은 세대가 자유시간을 경험하고 연습할 시간과 공간을 허용하지 않기 때문에, 결과적으로 젊은 세대는 새로운 세대로서 시작해 볼 실질적인 기회를 박탈당했다. 그들은 이제 잘해 봤자 그들의 부모가 상상했던 재건을 이행할 뿐이다.

오늘날에 이르러 근대적 제도와 이념은 그 의미를 잃은 게 명백하며, 지식 전수나 교사 중심 교육도 구시대적이다. 현대의 학교는 학생 중심 학습 환경으로 전환되었고 지식을 전수한다는 전통적 믿음은 개인의 창의성과 개별성이라는 믿음으로 치환되었다. 그러나 오늘날의 학습 환경조차 일정 정도 재건의 방식으로 드러나며 새롭게 시작할 모든 기회를 차단한다. 아무것도 책상 위에 올려놓지 않은 채, 교사는 '자리에 앉으렴, 시도해 보렴, 나는 학습의 촉진자로서 옆에서 너를 도울게'라고 말한다. 젊은 세대는 자기 자신의 삶 세계로 다시 돌려보내졌는데, 거기에는 그들을 이끌어 내는 사람도 없고 아무것도 없다. 개별 요구와 경험, 재능과 동기부여 그리고 열망을 가진 학습자로서 개인은 이 모든 활동의 시작점이자 종착점이 되었다.

학교 길들이기란 학습자들이 전적인 관심을 받고 있으며, 학생의 개인적 경험이 새로운 세계의 비옥한 토양이 될 것이고, 그들이 가치 있다고 여기는 것이 오로지 가치 있는 일이라고 믿게 만듦으로써 학생을 계속해서 나약하게 만드는 것이다. 그렇게 길들여진 학생은 자기 욕구의 노예이자 자기만의 삶이라는 세계를 떠도는 관광객이 된다. 학습을 위한 학습learning to learn이란 표현이 이러한 방식의 길들이기를 잘 드러낸다. 학생은 자기 자신의 학습에 의존하게 되며, 세계를 잇는 것과의 연결고리는 끊어졌다. 이전 세대는 이제 자신을 감추고 그들의 이념을 회수하면서, 젊은 세대가 새로운 세대가 될 기회를 주지 않는다.

새로운 세대가 되는 기회는 이전 세대가 책상 위에 올려놓은 무언가와 대면해 봄으로써 가능한 일이다. 책상 위에서 자유롭게 풀려난 대상을 마주한 청소년은 거기에 새로운 의미를 부여하는 데 집중하기 시작하면서 자신의 즉각적인 삶 세계에서 빠져나온다. 19세기에 등장한 제도로서 학교는 책상 위에 무언가를 올려놓는 데 성공했지만, 교육활동은 매우 기계적이었고 목적이 정해진 쓰임에만 제한되었다. 한편 현대의 학습 환경은 사용설명서나 지침서로 가득하지만 책상 위에는 아무것도 없다. 그때나 지금이나, 젊은 세대와 이전 세대가 특정한 일로 마주하여 어떤 일이 발생하는 공간이 되는 학교의 공적인 성격은 보이지 않는다. 젊은 세대가 책상 위에 오른 대상과의 관련 속에서 자신을 새로운 세대로 경험하지 못하게 되자, 새로운 시작을 의미하는 학교의 성격도 사라졌다.

학교 길들이기 담론은 소위 말하는 '개혁주의자'와 '전통주의자' 간의 소모적 논쟁에 다른 시선을 제시하는데, 두 진영의 공통점은 학교 길들이기를 외려 촉구한다는 점이다. 사회를 위한 사안이나 학생을 위한 사안만으로 학교를 이해하는 이러한 시도는 민주적이고 공적이며 새롭게 시작하는 스콜라스틱 교육의 실천을 제한한다. 이러한 일반적인 전략을 차치하더라도, 학교 길들이기는 다분히 전략적이기 때문에 명백하게 드러나지는 않지만 그렇다고 효과가 덜한 것도 아닌 시도라고 할 수 있다. 이 점에서 길들이기 유형을 비난할 악한 개인이나 집단을 특정할 수는 없다. 스콜라스틱 교육의 이상을 저해하려는 시도에는 의도가 없으며, 때로는 그런 전략이나 제안이 합리적이고 정당한 것으로 보이기도 한다. 첫째, 둘째, 셋째, 넷째 전략으로 이어지는 것이 논리적 수순이다. 각 전략은 다음 전략에 영향을 미치는데, 구체적인 제안이나 시도는 학교를 길들이거나 제압하려는 기능적인 전략이다.

1. 정치화

사회 변혁, 사회적 편협, 약물 남용 등과 같은 사회적 문제의 해결책을 찾기 위해 정책 입안자들은 학교를 자주 들여다보는데, 이때 학교는 사회적 문제를 치유하기 위한 시간이자 장소가 된다. 즉 학교는 사회 문제를 해결하는 책임을 일정 부분 맡고 있기 때문에, 사회적, 문화적, 혹은 경제적 문제는 새롭게 개발한 역량 요소로 교육과정에 추가되어 학습의 문제가 되곤 한다. 이렇게 학교를 길들이는 첫 번째 전략이 학교를 정치화하는 것이다.

학교 정치화 전략의 문제는 학교와 정치의 역할 그리고 교사와 정치인의 역할이 제대로 나뉘지 않은 데 있다. 현장 교사의 업무가 과하다는 현실보다 더 큰 문제는 학교가 폐기되지 않는 이상에야 결코 충족될 수 없는 임무를 위임받았다는 점이다. 이로 인해 젊은 세대는 기존 사회의 문제에 대한 책임과 더불어 더 나은 사회라는 정치적 이상을 실현하기 위한 책임도 지게 된다. 이는 이전 세대가 더 이상 감당하기 어려운 짐이자 감당할 의지조차 없는 짐을 젊은 세대에 지우는 것으로, 무책임한 사회가 정치적으로 감당해야 할 일을 새로운 사회로 도약하기 위한 시급한 도전이라는 미명으로 젊은 세대에게 떠넘기면서 이들이 누려야 할 자유시간을 유보시키는 것이다.

학교와 정치는 명백히 구별되어야 한다. 그에 따라 교육적 책임과 정치적 책임이 있고 교육을 통한 개혁과 정치를 통한 개혁이 있다. 정치는 이런저런 방식으로 서로 다른 이익집단과 사회적 과제를 두고 협상하고 설득하는 일을 한다. 학교에 있는 책상은 협상의 자리가 아니라 공부하고 연습하며 훈련하기 위한 자리이다. 학교의 책상 위에 교사는 무언가를 올려놓음으로써 젊은 세대가 그 자신을 새로운 세대로 경험할 수 있도록 허용하고 장려한다. 한나 아렌트가 지적했듯이, 바로 이 점으로 인해서 사회가 새로운 세계를 구상할 때 학교를 정치적 도구로 삼으려고 한다.[38] 학교가 정치적 도구가 되면 두 가지 문제가 발생한다. 우선 학생은 무언가 배워야 하는 시민으로 규정되면서 학교는 정치화politicisation되고, 반면에 시민은 시민의 의무를 배워야 하는 학생으로 규정되면서 정치는 학교화scholasticisation된다. 학교의 정치화 속에서 학생에게 설명하는 교리

38. 이 점에서, 학교가 정치적 민주주의의 근간을 실제로 형성하는지 혹은 그 반대인지 논의해 볼 필요가 있다. 즉 학교를 설립하여 제도화하는 것은 사회가 민주적인 방식으로 어떤 지식과 의미를 공적인 것으로 삼을지 결정하는 책임이 있다는 것이다.

적인 교사가 주도하는 교화indoctrination가 이루어지고 정치의 학교화 속에서 시민에게 가르치려 드는 잘난 교육적 정치인이 주도하는 시민 유아화infantilisation가 이루어진다.

학교를 정치적 사안으로 변환시키는 학교의 정치화로 인해 청소년뿐 아니라 교육 내용까지 정치적 개혁에 포함되어 사회 문제를 명명하기 위한 수단이 된다. 그리하여 청소년이 스스로 새로운 세대로서 경험하는 가능성과 자유시간은 사라지게 된다. 즉 청소년에게 새로운 세대가 되어 볼 경험조차 허용하지 않은 채 청소년을 이전 세계the old world에 즉각 포함시키는 것이다. 물론 학교에 정치적인 의미가 아주 없다는 말은 아니다. 연습을 위한 자유시간을 보장하는 학교의 설립과 조직에 정치적 개입이 있는 것은 분명하다. 때문에 사회적인 사안이 학교에 아무런 의미가 없을 수는 없다. 문제는 사회적인 사안을 해결하기 위한 방안으로 역량이라는 것이 도입되어 교육 내용의 위상을 차지하게 된다는 것이다. 이렇게 학교의 정치화에 내재한 미묘한 변주가 있는데, 예를 들어 '취업에 필요한 능력'이라는 용어로 교육 목표가 취업 가능성으로 재구성되는 경향에서도 확인되는 바이다.

노동시장이나 고등교육이라는 사회를 위해 학교가 청소년을 준비시키는 곳으로 이해되는 것은 전혀 새로운 일이 아니지만 오늘날 이것이 구체화되는 방식은 새롭다. 특히 이제는 취업employment보다는 취업 가능성을 강조하는 방식으로 전환되었다. 취업 문제와 관련하여 교육은 사회 및 노동시장과의 관계에서 상대적으로 자율적인 편이었고, 취업률을 높이는 것은 정치적인 문제로서 사회적이고 정치적인 정책 목표였다. 그런데 현 복지국가에서 취업 가능성을 강조하게 됨에 따라, 취업은 이제 개인의 책임이 되었다. 모두가 평생학습자로 불리게 되었으며, 이때 학습은 인간자본을 확보하기 위한 개인적 투자가 된다. 시민은 능동적인 학습자로서 자신의 취업에 평생의 책임을 지게 된다. 취업 가능성을 강조하는 시대에 관련 정책은 모두가 인간자본에 좀 더 적극적으로 투자하게 만들고, 필요하면 저렴한 대출을 받을 수 있게 만드는 방향으로 변화하였다.

격언

취업 가능한 사람이 되어라!

복음

취업 가능성이야말로 너의 자유를 구입하는 길이자, 사회적 진보에 기여하는 길이다.

설교

취업 가능성에서 멀어지지 말고 사회적 책무를 저버리지 말라.

위안의 말씀

너희 중 학습이 필요 없는 자, 돌을 던져라!

직업세계뿐 아니라 교육과 사회 전반에 걸쳐 역량이라는 용어가 널리 쓰인다는 점에서 오늘날 취업 가능성이 강조되고 있다는 점을 확인할 수 있다. 일반적으로 역량은 일련의 지식과 기술, 태도를 함양하여 특정 과업을 수행할 수 있는 능력을 의미한다. 역량과 역량 분석표는 직무역량과 더불어 시민 역량, 문화 역량, 사회 역량과 같이 다양한 사회적 과업을 달성하기 위해 고안되었다. 자격증으로 입증된 역량은 유럽에서 일종의 통행증이 되기 때문에 평생학습자는 이력서에 역량을 차곡차곡 수집하여 자신의 취업 가능성을 사회적으로 입증한다. 학교의 목표와 교육과정을 역량이나 자격증으로 바꾸는 데 혈안이 된 학교는 젊은 세내와 함께 취업 가능성을 극대화하라는 사회적 과업에 공모한다. '취업 가능한 역량'이란 개념이 재생산, 통합, 합법성과 같은 사회학적 용어와 결합하면서, 역량은 사회 통합을 보장하고 사회를 재생산하며, 기존의 질서에 합법성을 부여하는 것으로 이해된다.

그런데 이러한 관점은 근시안적인 정책 입안자가 협소한 경제학적 렌즈로 보는 데서 비롯된 게 아니라 장기적 안목을 갖춘 정책 입안자가 광범위한 사회학적 렌즈로 보는 기능주의적 입장에서 비롯된 것이라는 점을 재차 강조하고자 한다. 마치 정책 입안자들이 사회학자가 된 듯, 이들은 교육과 사회의 기능적 관계를 '학습-역량-자격-취업 가능성'이라는 고리로 압축시킨 뒤 연쇄작용을 기대하고 있는데, 이는 정치적인 관점에서 볼 때 오래된 공상과학을 부활시키는 것이다. 학교를 정치화하려는 것은 교육을 사회화라는 기능에 국한시켜 버린다는 점에서 여러모로 문제적이다.

무엇보다도, 미묘하면서도 심오하게 이루어지는 정치화는 젊은 세대 그리고 교육 내용과 상충하게 된다. 유용한 역량을 강박적으로 빨리 획득하는 데 집중하느라 새롭게 시작할 가능성, 즉 자유시간의 가능성은 유보되었다. 그러나 지금 강조되는 역량이 기존의 사회에 적용되든 새로운 사회에 적용되든 간에 젊은 세대는 모든 면에서 반드시 적절하게 훈련받아야만 하는 세대이다. 또한 역량을 강조하는 것은 취업 가능성을 위한 일인데, 사실 이 문제는 교육이 절대로 보장할 수 없는 부분이기도 하다. 끊임없이 변하는 사회 안에서 숙련된 젊은이의 취업 가능성을 어떻게 장담할 수 있겠는가? 교육을 통한 취업 가능성 담론은 젊은이에게 쓸데없는 낭비일 뿐만 아니라 이들을 오히려 잘못 이끄는 것이다. 기본적인 역량에 한정된 게 아니라면 취업 가능성과 수행 능력에 전제된 논리는 성립되지 않는다.

관련하여, 역량 개발 교육에는 하위역량과 복잡성의 수준이 고려되는 분석적이고 추상적인 논리가 필요한데, 이 논리는 현실과 취업 가능성의 관계를 더 멀어지게 만든다는 점을 지적하고자 한다. 여러 하위역량을 성취했다고 해서 특정 영역에서 수행되어야 할 통합 능력이 절로 발휘되는 것은 아니다. 우리에게 필요한 것은 학생이 자신의 기술에 의미를 부여하는 능력으로, 이 능력은 개별적으로 적절한 방식으로 역량을 발휘하게 만들 것이다. 마지막으로 역량 기반 교육은 역량 리스트, 모듈, 로드맵, 체크리스트 같은 행정적 요소가 자가증식하여 학교와 교사뿐 아니라 학생에게 영향을 미치고 있다는 점을 지적하고자 한다. 취업 가능성이라는 정치적 구실로 학교가 관료화되는 광적인 위기에 직면하였다.

2.
교육화

두 번째 전략은 학교의 교육화pedagogisation이다. 학교의 정치화가 학교를 사회적 기능으로 길들이는 것이라면, 교육화는 학교를 가정의 기능으로 길들이는 것이다. '부모는 더 이상 아이를 키우지 않는다', '교사는 가정의 일을 감당해야 한다', '교사는 부모의 대리이다'라는 등 학교의 교육화를 대변하는 말은 많다. 학교에 교육적 책임이 없다고 말하는 것이 아니다. 오히려 교사는 교육적 역할을 나름으로 수행하고 있는데, 그것은 세계와 새로운 세대에 대한 사랑으로 학생과 함께 세계를 공유하는 일이다.

교사는 가정을 비롯한 직접적 삶 세계에서 학생을 데리고 나온다. 때문에 오늘날 많은 이들이 교사에게 기대하는 것과 다르게, 교사는 보모나 시간제나 전일제 부모가 아니다. 교사의 책임은 책상 위에 무언가를 올려놓는 일, 자신의 교과목에 열정을 가지는 일, 교육 내용을 통해 세계를 열어 보이는 일이다. 이 점에서 학교는 가정도, 가정의 구성원도 아니다.

가정과 학교, 교사와 부모의 차이를 상술하기엔 지면이 부족하지만, 학교현장의 교사에게 중요한 것은 세계에 대한 사랑이라는 점을 강조하고자 한다. 세계에 대한 사랑으로 무언가를 공유할 수 있어야 하며 이 사랑은 다음 세대에 대한 사랑을 포함한다. 세계를 사랑하는 마음을 잃은 교사, 교과목에 대한 열정을 잃은 교사, 더 이상 나눌 것이 없는 교사는 학교에서 자리를 오래 보전하기 어렵다. 물론 교사 스스로 자신의 역할을, 교사이길 포기한 채 대리모로서 돌봄에 전념하는 전략이라면 가능할지 모르겠다. 그렇게 되면 교사는 학교를 길들이고 아이가 학생이 될 기회를 박탈하는 것이다.

학교에 돌봄 기능이 전혀 없다든가, 교사는 돌봄을 전혀 담당하지 않는다는 것은 아니지만 그 보육도 세계에 대한 사랑의 발로여야 한다. 세계에 대한 사랑에서 시작되는 돌봄이란 학생에게 주의를 기울여 부족한 부분을 지원하는 일, 가정의 어려움에도 불구하고 학생이 자유시간에 충분히 참여하도록 관심을 기울이는 일이다. 교사에게 부모의 역할을 기대하는 것은 교사의 세계에 대한 사랑을 단순한 돌봄으로 치환하라는 주장이며 이는 학교 길들이기의 한 형태라고 할 수 있다. 다시 말하자면, 학교는 아동에게 스스로 돌봄으로써 학교에 도착하여 평안히 준비되길 기대한다.

3.
자연화

세 번째 길들이기 전략은 자연화naturalisation이다. 지금까지 설명했듯이 가정환경이나 출신 배경에 무관하게 모두에게 자유시간을 부여하는 학교의 출현은 일종의 민주적 행위이다. 이 점에서 학교가 모두를 평등하게 만든다는 사실이 명백하다. 교사는 학생에게 관심이 있으며, 교과 내용에 대한 사랑과 열정을 가지고 학생들의 흥미를 자극한다. 이러한 교사의 아마추어 정신이 모두에게 평등한 기회를 보장한다.

그러나 선천적 차이에 따라 학생을 분류하는 방식으로 스콜라스틱 교육의 평등을 길들이려는 시도가 이어진다. 일각에서는 '물론 우리도 평등을 원하지만, 학생 간의 선천적 차이도 고려되어야 한다'고 말한다. 이전에는 생득권이나 부에 따라 차이가 존재하였는데 당시 사회적 불평등은 생득적 차이로서 정당화되었다. 즉 사회적 지위나 계급에 따라 모든 인간은 자연적인 차이를 보이기 때문에 그에 부합하는 사회화 혹은 입문의 양식이 있다는 것이다. 학교의 출현으로 인해 이 같은 귀족주의적 질서가 해제되자, 사물의 필연적 질서를 의미하는 '자연적'이라는 명분으로 학교를 길들이려는 반격이 이어지게 된 것이다.

한편, 지능과 능력의 차이를 전제하는 것은 길들이기의 근대적인 방식이다. 지능과 능력의 차이도 주로 생득적으로 발생하며, 그에 따른 불공평한 처우는 필연적이고 당연하다고 말한다. 그런데 이를 달리 말하면, 이런저런 차이가 중등교육 혹은 고등교육과 같은 교육 수준이나 교육 내용으로 진로를 결정짓는다면 결국 학생의 미래는 '생득적으로' 고정되어 있다는 말이다. 이런 식의 길들이기 과정에서, 학교는 다른 방식으로 생득적 선택을 지속하게 된다. 이를 대변하는 것이 유형별 교육categorical education이다. 반대로 '평등의 학교school of equality'[39]의 현대적 표현이 종합학교comprehensive school일 것이다.[40] 평등의 학교에 근거한다면 학교는 일반교육으로 다룰 만한 교육 내용을 결정하여 사회에 요구하고 사회는 효과적으로 이 결정을 다음 세대 모두를 위한 내용으로 삼는 것이다. 교육 내용에 무엇

39. 옮긴이 주: 원문에는 'school of equality'라고 표기되어 있는데, 이는 평등한 학교, 학교 안에서 평등, 학교의 평등이라고 번역 가능하나 본고에서는 '평등의 학교'로 번역하였다. 이 표현은 한국어 독자에게 다소 어색할 수 있으나, 이를 통해 저자가 강조하는 의미를 살릴 수 있길 바란다. 저자는 평등의 학교를 통해 학교와 평등이 별개의 개념이나 상호 부속되는 개념이 아니라, 평등은 스콜라스틱 교육의 본질로서 학교가 하는 일 자체를 지칭한다. 저자가 강조하는 평등의 학교는 모두에게 자유시간을 부여하는 데 있어 자연적 예정(predestination)을 전제하지 않으며, 모두가 '할 수 있다'의 경험을 온전히 형성한다는 의미를 지닌다.

을 포함시킬지 여부는 사회적 결정이며, 여기에 학생의 차이에 따른 예비적 선발은 없다. 학교는 이전 세대가 새로운 엘리트를 양성하는 장소가 아니며, 혹여 그랬다면 누가 세계를 새롭게 할지 자격 여부는 이미 예정되어 있을 것이다.

학교 길들이기 효과가 발휘된 자연화의 교묘한 모습은 개인별 자질인 재능을 개발해야 한다는 담론이다. 오늘날의 소질과 능력 개념은 고전적 담론과 차이를 보이는데, 요즘의 재능 담론이 좀 더 긍정적이다. 인본주의적 관점에서 보면 모든 인간은 저마다의 재능이 있고 모든 재능은 소중하며, 교육적으로는 저마다의 재능을 인지하여 그 가치를 소중히 여겨 학습 경로를 그에 맞게 맞추어야 한다. 그런데 생산성을 제고하는 데 혈안이 된 정책 입안자의 관점에서 보면 재능 개념은 젊은 세대에게 잠재된 모든 것을 최대치로 끌어내야만 한다는 의미도 된다. 지식경쟁 사회를 보전하기 위해서 어떤 재능이라도 쓰이지 않고 방치되어서는 안 된다. 이때 재능이란 효과적이고 효율적인 방식으로 역량과 자격증으로 전환시켜 개발하여 취업 가능성을 극대화하는 것으로 이해된다. 종합해 볼 때, '재능'이란 말이 요즘 유행하는 이유는 아마도 인본주의적 교육개혁자와 생산성을

40. 옮긴이 주: 저자가 언급하는 comprehensive school을 본고에서는 종합학교로 번역하였다. 종합학교는 통상 서구의 중등학교 설립 유형 중 하나로 무시험 전형으로 학생을 선발하고 교육과정에 인문교육과 직업교육을 모두 다루는 학교 형태를 가리킨다. 그러나 저자가 의도한 종합학교는 이러한 설립 유형 중 하나를 지칭하는 것이 아니라, 스콜라스틱 교육을 위한 일반교육의 '원칙'으로 이해된다. 즉 본고에서 종합학교는 스콜라스틱 교육의 평등을 전제하는 종합 교육의 형태라고 할 수 있다.

끌어올리려는 정책 입안자의 관점에 궁극적으로 일치되는 지점이 재능이기 때문일 것이다.

학교 입장에서 재능 개발 담론은 정치화와 자연화의 조합으로 보인다. 재능 개발과 역량 중심 교육의 맥락에서 학교는 궁극적으로 수월성을 위한 선발기구로, 이때 학교의 표어는 적재적소에 배치되는 재능일 것이다. 정치화의 연쇄반응인 '학습-역량-자격-취업 가능성'은 자연적이면서도 인위적인 하위구조를 지니는데, 재능을 역량으로 전환한 학습은 취업 가능성을 극대화하기 위한 자격증 획득에 필요하다.

한편, 정치화와 자연화의 조합은 플라톤의 『국가』를 연상시킨다. 『국가』에서 플라톤은 이상적인 사회조직을 구상하는데, 각 집단은 사회적 지위가 부여되며 그것은 생득적으로 이미 결정된 것이라고 주장한다. 오늘날 우리는 더 이상 자연적 숙명predestination이나 사회집단, 계급에 대해 논하지 않지만 개인의 재능을 논할 뿐이다. 그런데 재능이란 그저 자연적 숙명의 다른 말이 아닌가? 모든 인간의 생득적 재능에 따라 고용을 보장하는 최근의 담론은 플라톤이 주장한 국가의 완성이 아닌가?

이쯤에서 플라톤 자신이 강조했던 부분을 다시 생각해 볼 필요가 있다. 즉 자연적 운명이란 '우화'이거나 '선의의 거짓말'로 사회 내 집단이나 계급이 자신의 지위를 보전하고 사회 질서를 유지하기 위해서 지어낸 말이라는 것이다. 최근 학교를 재능 개발의 장소라고 주장하는 이야기는 차이를 정당화하고 사회적 질서를 유지하면서 지식경쟁 사회를 창출하기 위해 필요한 '선의의 거짓말'과 별반 다를 게 없다.

어떤 경우든, 애초부터 학교는 이런 종류의 거짓을 폭로하려는 시도로서 출현하였다. 학교는 흥미를 유발하고 '나는 할 수 있다'의 경험을 가능하게 만들며, 평등의 학교에서 학생은 그 어떤 운명과도 무관하게 교육 내용 앞에서 평등하다. 반면에 재능 개발 담론은 '나는 반드시 해야만 한다'의 경험을 강요한다. '너는 너의 재능을 반드시 개발해야 한다. 모든 인간은 자신의 재능을 개발해야만 한다'라며, 마치 타고난 재능이라는 숙명에 응답해야 하는 것이다. 재능 개발 교육에서 무엇을 공부할지 흥미에 기초한 선택권이 학생에게 있다 하더라도, 이 선택은 항상 개별적 재능으로 설명되며, 학생에게 부여된 '선택권'은 취업 가능성을 극대화하기 위한 목적으로 활용되는 자기 선별적 도구에 불과하다. 이 점에서 재능이라는 이름의 자연에 따른 차별화와 취업 가능성에 대한 관심으로 표현되는 정치화는 정교한 방식으로 스콜라스틱 교육의 사건을 무효화하는 전략이다.

자연화 전략에서 두려움의 대상은 아마도 평등일 것이다. 그리고 바로 평등이라는 두려움으로 인해 학교를 길들이려는 시도는 지칠 줄을 모르고 계속된다. 두려움은 주로 학교가 필연적으로 공적인 시간과 장소로서 공적인 문제가 매일의 사안이 된다는 점에서 비롯된다. 책상 위에 오른 교육 내용 앞에서 학생은 시작부터 평등하게 그 내용에 주의 깊게 빠져들어 자신의 정신을 단련하여 자기 자신으로 형성된다. 이 점에서 학교에 대한 사람들의 입장은 대체로 민주주의에 관한 입장과 유사하다.[41] 민주주의를 지지하는 사람 중에도, '모든 사람은 말할 권리가 있다. 다만 어떤 사람은 능력과 전문성에 따라 다른 누구보다도 말할 권리가 좀 더 있다', '어떤 것이 자신에게 좋은 것인지 유권자가 항상 알고 있는 것은 아니다'라며 민주주의를 지지하는 데 조건을 든다. 민주주의는 대체로 급진적이며 귀족이나 교회와 같은 귀족주의와 대립하기 때문에 민주주의는 길들이거나 중화시키려는 압박을 받게 된다. 마찬가지로 학교도 급진적인 경향이 있는데, 학교는 무언가를 몰수하고, 반-사유화de-privatisation하며 반-신성화de-sacralisation한다. 세계를 새롭게 할 기회를 제공하는 학교는 급진적이며, 잠재적으로는 혁명적이라고도 할 수 있다.

평등의 학교에서 책상 위에 오른 것은 필연적으로 모두를 위한 것이지 특정인을 위한 것이 아니다. 학교에서 세계가 공공재가 된다는 의미에서 학교는 공산주의적인 면도 있다. 우리가 공산주의라는 말을 아직도 사용할 수 있다면 말이다. 그러나 이때 공산주의적이란 정치적 이념이 아니라, 한시적인 유예와 몰수의 공간을 의미하

41. Jacques Rancière(2007). *Hatred of Democracy*(S. Corcoran, trans.). London and New York: Verso J.(자크 랑시에르 지음, 『민주주의는 왜 증오의 대상인가』, 허경 옮김, 인간사랑, 2011).

며, 공공재가 되는 세계는 열리고 '할 수 있음'의 경험이 가능해진다. 아마도 정치적 이념으로서 공산주의는 학교를 정치적으로 회복하여 사회적으로 제도화하기 위한 시도라고 볼 수도 있으며, 그 대가는 상당히 클 것이다. 공산주의적인 것이 반-사유화라는 급진적 행위나 공적으로 사용할 수 있도록 만드는 것을 의미한다면 공산주의는 정치적이기보다는 교육적인 용어에 가깝다.

그러나 특정 이해관계에 있는 사람들에게 공산주의적인 것이란 공포의 대상이 되기에, 이들은 신성화된 이념[42]이나 과학적 명제를 들어 공산주의적인 것에 맞대응할 것이다. 그리하여 등장하는 것이 귀족주의적 채찍인데 이는 엘리트 집단이 영속하기 위해 학교를 선발 기계로 만들어 버리는 시도로 구체화된다. 다른 한편으로는 능력주의라는 채찍이 있는데, 이는 점수에 따른 불평등을 학위나 훈련과 같은 성취로 정당화한다. 최근에는 개인의 재능이라는 말로 학생의 생득적 진로를 신성시하는 마법도 등장했다. 이렇게 학교를 길들이려는 모든 시도는 평등보다는 실재적 차이라는 추정치에서 출발하며 학교는 그저 받아들이고 인지하며 확인하고 동의하도록 강요받는다. 출발점은 평등이 아니며 오히려 불평등과 차이가 이런저런 방식으로 다시 한 번 정당화되었다. 이는 해방이나 시작할 수 있음의 경험이 아니라 그저 '할 수 없음', '할 수만 있음', '약간 할 수

42. 옮긴이 주: 원문에서는 '거룩한 소'(혹은 성우聖牛, Sacred cows)로 표기되었다. 이는 신성시되어 비판을 수용하지 않는 이념이나 사람을 의미한다.

있음', '할 수 있어야 함'의 경험으로 이는 모두 '해야 함' 그 자체일 뿐이다.

요컨대 학교는 정치화, 교육화, 그리고 자연화의 방식으로 길들여지고 있다. 이는 사회, 가정, 자연적 문제와 같이 학교 외적인 것과 결탁하지만, 일부 '탈학교' 전략은 학교 내적인 것에서 비롯되기도 한다.

4.
기술화

앞서 살펴본 바와 같이 학교의 구조에는 명백히 기술적 면이 있다. 집중해서 공부하고 연습을 끝내기 위해서는 테크닉이 필요하다. 여러 테크닉을 통해서 청소년은 주어진 일에 도전하고 또 자기 자신에 도전하게 된다. 그 결과 자기 자신이 형성되고 개선되면서 더 나아지게 된다. 학교의 테크놀로지는 건물, 교실, 칠판, 탁자, 책상 같은 학교에 있는 구체적인 사물뿐 아니라 펜, 책, 분필, 연필 같은 도구를 포함하며 에세이, 문제지, 시험 등과 같은 활동 방법도 해당한다. 이 모든 테크놀로지의 목표는 청소년의 관심을 특정한 과제나 사물에 두기 위한 것으로, 이들의 관심을 끄는 것이 스콜라스틱 교육의 테크닉이 발휘한 효력을 확인하는 기준이 된다.

스콜라스틱 교육의 테크닉과 교사, 그리고 학교를 규정하는 기준이 청소년의 관심을 끄는 데 있기보다는 테크닉 그 자체에 몰두하는 방식으로 학교를 길들이는 전략을 가리켜 기술화technologisation

라 칭한다. 기술화의 길들이기 전략은 기술적 요소와 기술이 보장하는 내용을 단순히 기술적 성과를 극대화하는 데 국한시키는 것이다.

기술화의 길들이기 전략에는 다양한 변주가 있는데 특히 교육의 효율성과 효과성에 관심을 둔다. 효과성은 학교, 교사, 학생뿐 아니라 테크닉 자체의 목표를 확정해 둔 채, 설정된 이 목표에 도달하기 위한 적절한 자원을 찾아내는 일을 강조하고, 효율성은 주어진 목표에 부합하는 업무량이나 비용 같은 자원을 적절하게 분배하는 방식을 강조한다. 효과성과 효율성을 따지기 시작하면, 설정된 목표 자체가 길들이는 채찍이 되어 효과성과 효율성을 나타내는 여러 지표와 자원을 관리하게 된다. 기술화의 길들이기는 확정된 목표를 달성하는 데 적합한 자원을 결정하여 적절하게 사용하는 기준을 설정하는 식으로 나타난다.

한편, 스콜라스틱 교육 방법이 실상 아무런 효과가 없다거나 효과성이 전혀 고려되어서는 안 된다는 것이 아니다. 교사도 아무런 목적 없이 가르치지 않으며, 오히려 그들은 목적의식이 뚜렷하다. 즉 교사가 테크놀로지에 아주 무지한 것은 아니지만, 기존의 테크놀로지가 더 이상 학교와 교사에게 새로운 것을 시도하도록 내버려 두지 않는다는 점이 문제이다. 다양한 교수법이 시도되어야 하지만, 이는 곧 교사 그 자신과 수업 전체, 그리고 진술된 목표 자체가 실험에 참여되어야 한다는 의미이다.

이 같은 교육에 대한 실험적 접근은 목표가 명백한 것을 얻기 위한 효과성과 효율성을 높이려는 방식으로 자원-목표를 확인하는 경험적 검증이 아니다. 교육에 대한 실험적 접근이란 자신이 아직 모른다는 것도 알지 못한 상태이기에 자신이 발견하고자 하는 것도 명확하지 않은 지점까지 자신의 한계를 밀어붙이는 것이다.[43] 이것이 '무엇에 대해 실험한다'는 말의 엄밀한 의미이다. 새로운 테크닉이나 기존 교수법을 새롭게 적용해 보는 일은 교사와 학생뿐 아니라 교육 목표와 교육 내용 전체를 문제 삼게 되는 일이다.

효율적이고 효과적인 학교나 교사는 사실facts 앞에 움츠러든다. 그러나 누군가 '이것이 사실이고 이것이 우리가 다루는 방식이다!'라고 말한다면 스콜라스틱 학교의 교사는 '그럼 다른 방법으로 해 볼 수 없을까?'라며 달리 해석한다. 이 점에서 형성formation은 학교와 교사에도 적용된다고 할 수 있다. 학교와 교사도 '형성되어야' 하며 형성되기 위하여 새로운 것을 시도해 보아야 한다.

기술화를 통한 길들이기의 두 번째 변주는 투입과 산출의 최적의 비율을 탐색하는 수행성performativity이다.[44] 수행성이라는 개념으로

---

43. Hans-Jörg Rheinberger(2007). Man weiss nicht genau, was man nicht weiss. Über die Kunst, das Unbekannte zu erforschen(인간은 자신의 무지가 무엇인지 정확히 알지 못한다. [이는] 무지의 탐험이라는 기예에 관한 것이다). *Neue Zürcher Zeitung*, 5 Mai 2007.

44. Jean-François Lyotard(1984). *The postmodern condition: A report on knowledge*(G. Bennington & F. Jameson, trans.). Manchester: Manchester University Press(장 프랑수아 리오타르 지음, 『포스트모던의 조건』, 유정완 옮김, 민음사, 2018).

보자면 학교는 투입에서 산출에 이르는 과정에 불과하며 이때 지능은 학습 성과로, 재능은 역량으로, 학생의 사회경제적 지위는 (부)적합한 흐름outflow의 과정으로 간주된다. 효율성과 효과성의 논리구조에서는 고정된 목표에 부합하는 최적의 자원을 찾는다면, 수행성의 논리구조에서는 목표와 자원 둘 다 고정되어 있다. 이 경우, 더 나은 결과, 더 빠른 결과와 같은 최적화optimisation가 수행력으로 귀결된다. 수행성을 판단하는 기준은 '목표'에서 '가장 최근의 결과' (우리는 지난번보다 더 잘했다, 때문에 우리는 가장 잘 일하고 있다) 혹은 '동료들의 결과' (우리는 다른 (유사한) 학교나 교사보다 더 뛰어나게 일을 수행했다, 때문에 우리는 가장 잘 일하고 있다)가 된다.

이러한 방식으로 '자신을 포함한 모두와 경쟁하라'는 정언명령이 교육 체계에 새겨진다. 수행성 개념이 도입되면서 경쟁이 그 자체로 목적이 되어, 검증의 문화라는 철저한 경주가 펼쳐진다. 잘 알려진 것처럼 수행 기반 사회의 핵심어는 더 빠른 것이 더 낫다, 더 많은 것이 더 낫다, 가만히 있는 것은 퇴보이다. 자동차, 컴퓨터, 그리고 연구자까지, 수행성의 사고방식은 경쟁과 호기심을 동반하여 우리를 최고 속도, 성능, 용량, 최고 수준의 학술지 게재로 이끈다. 학습 성과나 학업성취에 대한 집착은 이러한 수행성 현상의 교육적 대응으로 정해진 목표를 달성하기 위한 도구로 파생된 효율성과 효과성은 감시라는 수행성의 채찍으로 이어진다. 항구적으로 피드백하기 위해서는 수행성을 지속적으로 측정해야 하는데, 그러기 위해서는 모든 것이 그리고 모든 변화가 민감하게 감시되어야 한다. 변화를 따라잡기 위해 단 일 초도 허비될 수 없다는 오늘날의 분위기 속에서 학교의 경제화는 어쩌면 이런 강박적인 노동시장의 영향일 수도 있다. 학교는 수행성이나 경쟁력이라는 미명하에 그 자신을 내적으로 길들이고 있으며, 특히 교육 시스템은 부가가치나 학업성취, 학점, 모니터링과 피드백이라는 장치를 마련하여 점점 비대해지고 있다.

실상 텅 빈 의미에 불과한 '수월성 획득'이 궁극적인 목적되었는데, 특히 경쟁이라는 흐름 속에 자율권을 넘긴 이들이 극찬하는 매우 중요한 어휘가 되었다. 그사이 '혁신'은 '우수한' 학교를 나타내게 되는데, 이때 경쟁적 혁신은 설명이 필요 없는 목적이 된다. 하지만 사전적으로, 혁신의 시기에 혁신으로 존재하는 것은 혁신인 바로 그 순간 구닥다리인 것이 된다. 학교가 이러한 유행에 영향을 받아 교육하고 이를 영속화하는 데 기여하고 있다는 것이 명백하다.

이러한 길들이기 전략이 야기한 모순은 학교가 개발한 테크닉인 시험exam에 있다. 시험은 교육적 도구로서 청소년을 공부하고 연습하며 그 스스로 검증해 볼 수 있게 만들었다는 점은 차치하더라도, 교사들이 개발한 시험이야말로 청소년의 발달을 인도하고 확인하는 역할을 담당했다. 그러나 최근 들어 학습 성과를 검증하고 수행능력을 확인하는 기능으로 활용되는 시험은 역으로 학교와 교사의 수행성이라는 성과를 감시하는 도구가 되었다. 그렇다면 수행성이 좋은 학교와 교사를 위한 포상은 무엇인가? 새로운 세대의 학습 성과이다. 그다음 임무는 무엇인가? 젊은 세대를 자본으로 삼아 산출을 극대화하여 이익을 창출하는 것이다. 달리 말하면, 학교와 교사는 지속되는 수행검증 제도를 받아들여 무한정 돌아가는 학교에 되돌아가야 한다. 이는 곧 자본주의 학교의 출현이자 학업성취의 극대화에 목매는 자본주의 교사의 출현이다. 자본주의 학교에서 해방을 의미하는 학교의 공산주의적인 것은 무너지게 되었다. 이는 마치 베를린 장벽의 붕괴와 같이, 탈학교 현상은 학교 내부에서부터 시작되었다.

5. 심리화

심리화psychologisation는 학생과 교사를 길들이기 위해 학교 내부에 적용되는 또 다른 전략이다. 교육에서 심리학이 차지하는 위상은 부정할 수가 없는데 이는 새로운 현상도 아니고 그 자체로 문제가 되는 것도 아니다. 그러나 스콜라스틱 교육의 사건을 위협하는 것은 교수활동을 심리상담의 형태로 대체하려는 경향이다. 이때 교사는 교사이면서 동시에 심리학자의 역할을 담당하도록 요구받는데, 이 경우 교육적 책임은 치유적인 돌봄으로 대체된다. 이를 드러내는 표현이 학생의 심리적 웰빙과 '학습 동기'를 강조하는 경향으로, 심리화의 현상이란 학생의 심리 상태가 교수활동의 필수조건이 되는 것이다. 학교현장에서 심리화는 교육적 책임에 관련된 흥미 유발과 집중을 유도하는 행위가 학생에게 학습 동기를 부여하는 방식으로 재구성되는 것이다. 학교가 학생이 주의를 집중하여 흥미를 가지게 만들면서 학생 자신의 주변 세계에서 벗어나게 한다면, 동기부여는 개인적인 사안으로 이때 학생은 자기 내부로 되돌아간다.

비록 학교 내 사건일지라도 청소년을 자기 세계 밖으로 불러내는 것은 분명 흥미로운 일이다. 어떤 경우에는 이 사건이 마치 잠재적으로는 정신적인 충격을 주는 경험으로 언급되기도 하는데, 그것은 공부하고 연습하는 데는 노력이 요구되며, 일종의 훈련이 필요하기 때문이다. 그러나 흥미와 집중이 생긴다면 학생은 이 노력을 충분히 감내할 것이다. 공부하고 연습하기 위해서는 시간도 필요하고, 그에 따른 노력과 훈련이라는 충분히 가치 있는 대가를 치러야 더 중요한 것을 경험하게 되는 법이다.

이렇게 집중하는 순간에 학생의 웰빙은 아마추어 치료사가 강조하지 않는 한 학생들에게 최우선의 관심사가 아니다. 대규모의 심리화 현상은 교육 행위를 세계에 대한 사랑이 아닌 청소년의 정서적 웰빙이라는 틀에 박힌 '감상 교육학emopedagogy'[45]을 초래한다. 심리화의 현상 속에서 청소년은 학생이 되지 못하며, 이는 곧 이들이 젊은 세대가 되어 자신의 심리적 세계를 넘어선 무언가에 심취해 볼 기회를 부정하는 것이다.

---

45. Frank Furedi(2009). *Wasted. Why education isn't educating.* London: Continuum.

6.
대중화

대중화popularisation는 대규모의 심리화 현상과 관련된 전략이다. 예를 들어 영국에서는 텔레비전 같은 대중 매체의 테크닉을 사용하여 지루한 수업을 극복하고자 한다. 이는 교사에게 교실 앞에 서서 여러 '시청자'와 '청취자'를 붙잡는 능력을 요구한다. 지루한 수업은 수업 실패를 의미하는 신호로서 용납되지 않는다. 때문에 지루한 교사를 고용하는 것을 피해야 하며, 지루한 학생은 즉각적인 개입이 필요한 적신호이다. 휴식과 시청 그리고 청취의 즐거움에만 몰두하는 것은 공부와 연습하는 데 수반되는 긴장을 길들이려는 것으로 학생과 교육 내용 사이에서 발생하는 긴장을 완화하려는 것이다. 말하자면, 학생의 세계에 최대한 가까워지려는 시도로, 대중화를 주장하는 이들에게 대중화는 학습에 필요한 휴식을 제공한다. 안락한 소파에 앉아 있는 청소년 곁에 교사가 같이 앉아서 그들의 세계에 들어선다. 인기 많은 텔레비전 프로그램이 그러듯 인기 많은 교사는 학생의 관심을 받을 것이다.[46] 이렇게 텔레비전 앞에 이들을 붙들어 놓으면 어느 정도는 학습이 가능할 것이다.

물론 학습이 재미있게 혹은 느긋한 방식으로 발생하는 것은 불가능하다고 주장하려는 것은 아니다. 다만 그럼에도 불구하고 학교에서는 교육 내용에 주의를 집중할 수 있도록 교실을 매개로 하여 학생을 자기만의 세계에서 빼내 와 '놀이'로 이끌어 내기 위한 곳이라는 점을 잊어서는 안 된다. 이때 발생하는 긴장은 휴식이 아니라 노력으로 전환되어야 하며 학생은 노력을 기울일 만한 일에 끊임없이 몰두한다는 말이다. 물론 누군가는 소파에 앉아서 무료하게 시간을 보내면서 아무런 노력이 없이 휴식에 몰두할 수도 있다.

그러나 학교의 시간은 흘려보내는 것이 아니라 만들어 내는 것으로 학교에서 하루 일과는 휴식이 아닌 형성을 위한 시간이다. 형성은 자신의 세계 너머로 고양되는 일인 반면 학습은 자신의 세계를 확대하는 것이다. 텔레비전은 세계를 보여 주는 창으로 우리는 텔레비전을 보면서 학습할 수도 있겠지만, 이 활동은 집을 떠날 필요가 없는 정지된 활동이다. 텔레비전 화면의 크기와 무관하게 텔레비전 앞에서의 학습에서는 가정 세계 밖으로 나가지 못한다.

대중화는 학생을 가정 세계의 유아기에 머물게 한다. 반면에 학교는 가정 세계 밖에서 학생이 가정 밖의 세계를 찾아가는 방법을 탐

---

46. Bernard Stiegler(2010). *Taking Care of Youth and the Generations*(S. Barker, trans.). Stanford: Stanford University Press.

색하는 과정에서 자기 세계 너머로 고양될 수 있도록 성숙하고 발전하게 만든다. 이 일은 시간이 필요하고 때로 지루해지며, 즐겁지만은 않을 수도 있다. 그렇기 때문에 휴식이라는 유혹이 따르기 마련이다. 그렇다고 학교에서 지루함이나 따분함이 절실히 요청된다는 것은 아니지만, 이러한 지루함과 냉담조차도 학생의 흥미가 될 잠재력이 내재되어 있다. 이 같은 학교 내 인간의 조건condition humaine et scolaire에 해당하는 것을 마치 즉각적인 치유가 필요한 문제적인 것으로 보는 일반적인 경향에 순응해서는 안 된다.

5장

교사 길들이기

학교라는 자유시간 안에서 세계가 공유되고 아이와 청소년이 시작할 수 있다는 경험을 하게 하기 위해서 학교는 창조되어야 한다. 복도, 교실, 교과서, 테크놀로지로 '만들어진 공간'을 의미하는 학교에서 교사의 위상은 독특하다. 이때 교사는 역사적이거나 사회학적인, 혹은 심리학적인 유형type이 아니라 교육적 인물figure로서 학교에 상주한다. 교육적 인물로서 교사를 표현하기 위해서는 이제는 옛말이 되어 버린 '스승schoolmaster'[47]이란 용어를 사용하는 것이 좀 더 적절할 것 같다. 스승은 자신의 일을 사랑하고 이해하며, 작업실에서도 일하고 학교에서도 일하는 '장인master'이다. 스승은 스콜라스틱 교육의 본질이다.

안타깝게도 요즘에는 스승이란 말이 대체로 부정적이고 희화화된 의미로 통용되기도 하고, 어떤 이에게는 그다지 기억하고 싶지 않은 추억을 대체하기도 한다. 그렇기 때문에 본고에서는 부득이 계속해서 '교사'라고 표기한다. 이때 교사는 자신의 교과목에 전념하고 숙달하여 자신의 일을 생산세계와 의식적으로 구분 짓기로 선택한 교육적 인물이자 장인이다. 자신의 일을 생산세계와 구별 지음에 따라 교육 내용은 생계수단을 위한 일이 아닌 교육 내용으로서 온전히 제시된다.[48]

이것이 엔지니어가 산업 현장직을 떠나 교육현장으로 이직할 때 벌어지는 일이다. 공학을 가르치는 교사는 공학기술 그 자체에 몰두할 뿐 이 기술의 사회경제적인 의미에 연연하지 않아도 되기 때문이다. 그리하여 교사는 공학기술에 대한 사랑뿐 아니라 그것을 자유롭게 탐구하고자 하는 열망을 토로할 수 있게 된다. 마찬가지로 아이들도 사회경세적 질서에 귀속되었던 공학기술을 공적인 것으로 다루면서 자기 자신과 더불어 공학기술이라는 교육 내용이 한시적이나마 자유로워진다.

---

47. 옮긴이 주: Schoolmaster는 교사, 선생, 스승, 교장 등의 용어로 번역될 수 있다. 일례로 랑시에르의 『무지의 교사』도 영문명은 The ignorant schoolmaster인데, 이때 schoolmaster는 교사로 번역되었다. 그러나 저자는 본문에서 schoolmaster와 teacher를 구별하고 있다. 특히 schoolmaster에는 숙련된 사람, 존경받는 사람의 의미가 전제되기 때문에 한국어 독자에게 어감을 전달하기 위해 '스승(teacher, mentor, master)'으로 번역하였다. 교사(teacher, 教師)는 가르치는 직업을 칭하는 일반용어로 국립국어원의 설명을 따르자면 주로 초등학교·중학교·고등학교 따위에서, 일정한 자격을 가지고 학생을 가르치는 사람을 의미한다. 저자는 schoolmaster라는 용어에 내재된 장인정신을 강조하면서 동시에 오늘날 희화화되고 곡해되는 현상을 지적하며, 스승을 대체하는 현대 용어로서 teacher를 제시한다. 이러한 현상이 반드시 우리말에 일대일 대응하는 것은 아니지만, 같은 뉘앙스로 읽힐 수 있는 지점도 확인되는바 각각 스승과 교사로 번역하였다.

48. 옮긴이 주: 교사가 자기 일을 생산세계와 구별 짓는다는 말은 교사의 일이 경제적인 이윤 창출에 직결되지 않는다는 말이다. 예를 들어 목공예 수업을 담당하는 교사가 제작한 목공품은 판매를 위한 것이 아니라 가르치기 위한 일이다.

새로운 세대를 위해 자신이 사랑하는 교육 내용을 책상 위에 올려놓을 정도로 교사는 자신이 담당한 교육 내용과 아이들을 사랑한다. 이를 통해 학생들과 더불어 교사 스스로도 부모, 조부모, 성인으로 대변되는 이전 세대의 권력으로부터 자유로워져 한시적이나마 그들의 권력을 유예한다. 이들 권력은 이전 세대의 구성원인 학부모가 아이를 매일 아침 등교시킬 때 일정 정도 인식된다. 엔지니어에서 교사로 이직한 사람은 경제적, 사회적 질서나 가정의 질서에 종속된 '노예'도 아니고, 소위 말하는 '현실'의 노예도 아니다. 교사는 교육 내용과 세계에 대한 자신의 사랑을 위해 해방된 노예이다.[49] 교사는 자기 자신을 염려하거나 사회를 생각하기보다는 자신이 담당한 교육 내용에 더 관심이 있다. 물론 교사가 가르치는 교과 내용도 사회에 속하는 것이지만 사회 내에서는 의미가 고정되어 있다는 점이 다르다.

교사는 아이들에게 전적인 사랑을 베푸는데, 이 사랑은 거의 교사 자신의 부모를 사랑하는 것보다도 더 크다. 물론 해방된 노예인 교사에게 아이를 맡기기 위해서 학부모는 교사를 신뢰할 필요가 있다는 조건이 붙는다. 이 조건을 충족시키기가 어려운데, 아마도 해방된 교사의 자유로운 지위에 대한 부러움일 수도 있겠지만 학부모

---

49. 이 지점에서 우리가 말하는 '교육자(pedagogue)'라는 말은 잘 알려진 바와 같이 그리스어에 어원을 두고 있으며, 실제로 아이를 학교에 데려다주는 임무를 맡은 노예였다는 점을 재차 강조하고자 한다.

에게 교사는 의혹이나 불안, 질투의 대상이자, 공학자라는 '실제' 직업(공학자가 아닌 공학 교사의 경우와 같이)을 포기한 이상주의자로 보일 수 있다. 다른 한편으로, 교사는 '실제 세계'를 제대로 다룰 수 없는 약자로서 동정의 대상이 되기도 한다. 즉 교사를 두고 다양한 시선이 쏟아지는데, 그것은 뿌리 깊은 경멸과 질투가 혼재한 경외심일 수도 있고, 동경일 수도 있다. 교사는 조롱의 대상으로 뻔한 존재, 필수적이면서 전적으로 불필요한 존재, 유용하면서 동시에 쓸모없는 존재로 이해된다.

교사에 대한 이러한 시선은 교사에게 부여된 공적이면서 교육적인 의미와 부족한 입지position에서 비롯된다. 교사는 심리학자나 사회학자, 혹은 엔지니어도 아니지만, 그렇다고 평범한 남자, 여자도 아니고, 부모도 아니다. 교사에게는 아무런 소유권이 없으며 어린이라는 신분 상태와 비교하면 교사의 지위status는 아무것도 아니다. 교사는 사회 내 제도권 밖에 떨어져 나와 적절한 사회적 입지는 없지만 예술가 같은 공적인 인물이다. 사회적 입지로 보자면 교사는 '진짜'가 아니다. 그 결과 교사는 제도권의 질서를 여러 방식으로 불안정하게 흔들어 유예하고 무력화한다.

교사는 누구인가? 교사는 자기 삶에서 자기를 신뢰하고self-reliance 다스리는 자로self-discipline, 그 스스로 해방된 노예라는 점과 해방의 대가를 치러야 하는 점을 계속해서 생각한다. 교사는 자기 스스로를 돌본다. 교사는 자신의 일을 사회경제적 질서에 봉사하여 그에 해당하는 수당을 받는 것이 아니라 온전히 교육 내용과 관련하여 생각하기 때문에 때로는 부당 이득을 취하는 자라는 비난을 감수하기도 한다. 그리고 교사는 자신이 학부모나 이전 세대에 봉사하지 않는다는 것을 잘 안다. 교사 스스로도 그 일원임에도 불구하고 말이다. 교사는 아이를 돌보는 일에서 잘난 척하는 사람으로 보일 수도 있다. 때문에 교사는 자기 자신을 잘 다스려야 하는데, 자만하는 것을 경계하고 현학적인 체하지 말며, 무엇보다도 잘못된 방식으로 사랑이 편협해지는 것을 삼가야 한다.

편협한 사랑은 사유화된 사랑이거나 자기만족에 그치는 사랑에 불과하다. 편협한 사랑의 대상이 세계일 경우, 세계는 전적으로 교사 자신의 것으로 되어 세계에 있는 사물을 더 이상 책상 위에 올려 모두의 것이 되도록 풀려나지 못하게 만든다. 이 경우 교사는 새로운 세대를 위협으로 인지하게 되기 때문에 이들의 시도를 가로막게 되는데, 특히 자기만의 것이라고 믿는 것을 젊은 세대가 사용해 보는 것 자체는 허용하지만 이를 통해서 새로 시작해 보는 모든 시도는 허락하지 않는다. 한편 편협한 사랑의 대상이 아동일 경우, 아동은 교사의 아이가 되어 교수활동이 경시된다. 아동에 대한 편협한 사랑을 가진 교사는 아이를 진지하게 대하는 것이 아니라 오히려 아이가 형성해 나갈 기회를 박탈하는 것이다. 세계든 아동이든 편협한 사랑은 숨 막히는 일이다.

전문가와 달리 교사의 '업무'는 구체적으로 드러나지 않는다. 교사는 교육 내용이나 자신의 과업을 경제적 이득을 위해 착취해야 할 것으로 보지 않으며, 오히려 그 자신이 교육 내용을 전달하는 데 이용될 수 있도록 준비되었다. 교사는 자신이 담당하는 교육 내용을 자신의 것이라고 보지도 않으며, 그저 교육 내용 자체에 사로잡혀 있을 뿐이다. 나아가 교사는 자신의 아이는 아니지만 자신이 담당하게 된 아이들을 위한 존재로, 세계를 사랑하고 아이를 사랑한다. 열정적이기도 하고 아마추어 같아 보이는 교사의 사랑은 근무시간에 제한되지 않는다. 교사는 세계와 교육 내용을 (다시) 보여 주어 (페낙의 말을 재인용하자면 교사는 "현재형으로 불러 모은다") 지금 이 순간 새로운 세대와 관계된 공적인 것이 되게 한다. 이는 단순히 노출시켜 보이기만 하는 것이 아니라 일정 정도는 세속화하는 작업으로 일상의 생산성을 무력화하는 것이다. 그리하여 교사는 교과목과 과제task 그리고 그 자신을 유용하게 만든다.

스승을 의미하는 교사에게는 훈육하기disciplining와 보이기presenting라는 특별한 기예art가 있다. 이때 훈육하기는 긍정적인 의미에서 주의를 집중시키는 것이며 보이기presenting는 지금 여기에 불러 모으는 것 혹은 공적인 것으로 만드는 것이다. 이러한 기예는 단순히 지식과 기능으로 습득할 수 있는 것이 아니며, 삶의 방식에 내재된 것으로 일종의 '소명'[50]이라고 할 수 있다.

50. 소명이란 말은 예술가는 물론이고 정치인에게도 사용되는 말이다. 소명은 경제적인 관점에서 비합리적인 삶을 선택하여 추구하는 경우에 경탄의 의미로 쓰이곤 한다.

훈육하기는 우리가 흔히 생각하는 질서를 유지하는 일에 그치는 것이 아니라 수업 시간에 주의를 집중시키기 위해 쓰이는 적절한 테크닉도 해당한다. 훈육은 맹목적으로 복종을 강요한다든가 벌을 주는 것이 아니라, 수업에서 학생들의 주의를 집중시키는 테크닉이다. 그리고 보이기presenting는 단순히 알게 만드는 기술이 아니라 생각하기를 가능하게 만드는 기술이자 숫자와 글자에, 그리고 제스처, 몸짓, 행위에 권위를 부여하는 기술이다. 이렇게 교육 내용에 빠져들어 예찬하는 방식으로 어떤 것이 우리 삶에 들어선다. 이는 수동적이거나 중립적인 행위도 아니고 무관심한 행위는 더욱 아니다. 교사의 몸짓을 통해서 학생은 자기 손에 들어온 일에 참여하도록 격려하고 흥미를 갖도록 끌어들인다.

학생이 흥미를 가지게 만드는 일은 상반된 심리를 불러일으킨다. 한편에서는 교사의 열정은 귀감이 되어 동경이나 호의를 받기도 하지만, 그런 열정을 인정하지도, 인정할 수도 없는 부모나 정치인, 그리고 사회지도자의 입장에서는 이 같은 열정과 동경에 불신과 두려움이 자리 잡고 있다. 그들의 가장 큰 두려움은 아이를 '잘못된 길'로 인도하는 것이다. 가업을 이어받아 의사가 되기로 예정된 아들과 딸이, 교사의 영향으로 인해 예술가나 역사가가 되려는 것처럼 말이다.

이로 인해서 학교와 교사가 직면한 길들이기가 지속된 것이다. 이와 관련된 전반적 전략은 교사가 교육 내용과 학생에 대해 품은 사랑을 '전문화'하는 방식으로 중화시키는 것이다. 이를 위해 근대 학교는 공무원 노예, 종교 노예, 경제 노예를 만든 방식으로 해방된 노예를 의미하는 교사를 실질적 노예로 바꾸었으며, 그 결과 사랑의 관계는 복종의 관계가 되었다. 다른 한편으로는 사랑의 관계가 계약적 관계가 되는데, 요즘 들어 자주 보이는 현상은 해방된 노예인 교사를 서비스직이나 '유연한flexible' 자영업자 혹은 기업가로 바꾸어 놓는 것이다. 교사는 공무원, 서비스 제공자, 고용인/노동자 그리고 기업가가 되었다.

이 과정에서 교사는 '전문가'라는 명백한 지위를 사회적으로 차지하게 되고, 해방된 노예라는 지위가 내포했던 아마추어적이고 공적인 성격은 사라졌다. 그들이 사랑하는 일은 사라지고, 점차 사유화되어 점점 더 기업의 매니저가 되었다. 해방된 노예로서의 교사는 이제 기업의 매니저가 되어 재능 개발이나 학습 환경을 조성하는 서비스를 제공하고 그에 따른 대가를 받게 되었다. 그 대가는 교사 나름의 방식으로 교육 내용을 보여 흥미를 불러일으키고 책상 위에 있는 것이 새롭게 변할 수 있게 만들어서가 아니라, 사회가 이미 규정한 특정한 서비스를 고객에게 제공했기 때문인 것으로 제한된 것이다. 이때 교사가 나름의 방식으로 교육한다는 것은 교사가 교육 내용과 학생을 돌보는 방식을 스스로 규정하여 사회의 생산성이 요구하는 것을 해제하고 자유롭게 만들어 교육한다는 것이다. 때문에 교육 내용과 학생을 향한 사랑을 전문화하는 것은 학교를 배움이 실현되는 공간이자 새로운 일이 시작될 수 있는 공적인 공간이 되지 못하게 만드는 전략이다. 전문화를 통한 교사 길들이기는 교육적 책임을 위해 교사가 자기 스스로 돌보는 일과 더불어 가정이나 사회와 거리를 두려는 시도를 중화시켜 버리는 구체적인 전략으로 나타난다.

1.
전문화

무엇보다도 교사가 전문화professionalisation되어야 한다는 전방위적 요청은 오랜 역사를 가진 길들이기 전략이다. 교사 전문화를 통한 길들이기 전략의 변주에는 세 가지가 있다.

첫 번째 변주는 교사의 경험이라고 불리는 지혜를 전문성 혹은 역량으로 대체하는 것이다. 전문화 담론에서 이상적인 교사란 타당도와 신뢰도를 바탕으로 지식을 습득하여 '방법'이나 '증거에 기반을 둔evidence-based' 방식을 따라 행동하는 사람으로, 이에 대한 교육학 전문가들의 지지 여부와 무관하게, 전문성을 바탕으로 지식을 중무장한 교사가 양성된다. 지식의 기반은 과학적으로 증명된 이론과 모델, 혹은 방법으로 구성되며, 때로는 윤리적 의무론도 과학적으로 검증되어야 한다. 전문화는 '기술-과학'으로 규정하는 학문 분야를 통해 등장하여 전문적 기준technical criteria과 함께 널리 퍼지게 되는데, 때문에 전문화는 기술화technologisation를 통한 길들이기의 연장선상에 있다. 과학이라는 꼬리표를 단 전문적 기준에 따라 무엇이 '잘되는지 안되는지it works or it doesn't' 확인하기도 하고, 더 나은 것이라고 주어진 목표나 학업성취를 달성하거나 보장한다고 검증된 지식의 적용 여부를 결정한다.

이러한 맥락에서 목표 실현이나 학업성취, 성장률growth margins은 기술과학적 이상에 부합하는 교원 전문성을 대변하는 기본 용어가 되었다. 전문화는 과학과 기술을 적용하여 성장하는 방법이다. 반면에 아마추어 정신은 명백하게 무지하고 주관적 직감이나 인식에 치우치거나 계속해서 오해하는 등 사적인 세계에 사로잡힌 지친 교사를 의미하기 때문에 전문화의 윤리적 정언명령에 따르면 이러한 아마추어의 상태를 극복해야 한다. 이렇게 아마추어 정신은 길들여지거나 제거되며, 세계와 다음 세대를 사랑으로 가르치는 교사의 의미는 무색해진다. 어떤 식으로든 이상이나, 교과목, 그리고 교육 내용을 사랑하는 것이 우스꽝스러워지며, 그런 사람은 동굴 안에 은둔한 교사들뿐이다.

전문화가 제시하는 낙관적인 전망 속에서 교사가 교과목에 체화하는 일embodiment이나 교사의 열정, 다음 세대에 관심을 기울이는 일은 이제 구식이라는 이름으로 밀려난다. 이런 것들은 이제 역사를 연구하는 사람들이나 일부 몽상가들에게는 흥미로운 주제가 될 수도 있겠지만, 일단 미래지향적 연구지침으로는 아무런 쓸모가 없다. 학교는 냉혈한 과학적 이상으로 구현되었다. 하지만 아름답게 반짝이고 투명하며 무한하게 재단된 공간이자 모든 것이 잘 돌아가는 꿈의 공간인 학교라는 유리 궁전에서 사람이 살 수 있을지 판단하는 것은 시기상조이다. 모든 것이 잘될 수도 있지만, 그 어느 것에도 의미가 없다.

학교를 과학적 이상으로 구현하는 과정에서 사랑을 잃은 것 같다. 사랑의 교사라는 인물은 연구나 전문성 개발을 반대하지는 않지만 단면적으로 확장하는 학습과정이나 교사의 주관적 세계를 비판하는 전문화 담론과 맞지 않는다. 사랑의 교사는 연구나 전문성 개발을 통해서 형성의 과정이 깊이 있게 확장될 수 있다고 믿으며, 이 연구 주제에 교사 자신을 자꾸 포함시킨다. 교사 또한 공부와 연습을 통한 자아 형성을 위한 자유시간이 필요하다.

전문화 전략의 두 번째 변주도 요즘 들어 교사에게 기대하는 부분인데, 전문가로서 교사는 과학적 이상보다는 '현실성'을 갖출 것을 요구받는다. 정부가 수집하는 교사 프로필과 신임 교사에게 요구되는 기본 역량 리스트 같은 것은 교수활동을 분명한 기능과 특정 기준, 교육 서비스와 성과 도출 등에 근거한 직업으로 전환시킨다. 교사의 전문성은 통상 '역량'으로 번역되며 미리 결정된 지식이나 기술, 태도로 구성되는 역량은 구체적인 작업을 수행할 때 적용될 수 있어야 한다.

실제 현장에서 실질적 기능과 직무에 발동되는 역량이 가장 중요하며 이때 효율성과 효과성이라는 전문적 기준을 최우선으로 삼게 된다. 전문적 역량은 문자 그대로 실제 작업을 수행하기 위해 행해져야 하는 것을 기술하며, 이때 역량은 주어진 작업 환경에서 필요한 모든 필수 요소를 대체하는 표현이다. 역량의 관점에서 학교는 요구받은 역할과 과업을 수행하기 위해서 모든 것이 적재적소에 배치된 교사의 작업실이 된다. 전문적 교사를 달리 말하면 역량 있는 교사로서, 교사의 역량은 실제 작업 현장에서 바로 써먹을 수 있어야 한다. 전문가 프로필은 교사의 전문성을 개발하고 적용하여 평가하는 도구가 될 뿐 아니라, 교원양성과정을 이제 막 마친 젊은 교사에게 요구되는 학습 성과로 나타나는 기본 역량을 결정짓는 출발점이 된다.

그러나 전문가 프로필과 역량은 정부의 손에 채찍을 쥐어 주는 꼴이다. 정부는 학교만 길들이는 것이 아니라 최적의 채용 인원과 취업 가능성이라는 노동시장의 현황이라는 명분으로 숙련된 교사와 초임 교사 모두를 길들인다. 전문가 프로필은 본질적으로 보수적이며, 기존의 교육 담론이 요구하는 역량을 재생산하는 순응적인 교원양성과정에서 예비 교사의 '과거로 회귀'하게 된다.

전문화의 또 다른 목표는 역량을 '직업'의 표준어로 삼는 것이다. 표준어 입장에서 볼 때 방언은 완전히 사라지게 만들기는 어려운 현상이다. 때로는 교육의 사적인 부분에서 특정한 향수를 소환하며 소중하게 여겨지기도 하지만, 이내 곧 표준화된 표제로 전환될 것이다. 과학이라는 이상으로 전문세계를 실현하기 위해 등장한 전문화는 비즈니스 같은 냉혹한 현실로 나타난 반면, 현실성을 반영한 전문화는 우스꽝스러운 가상 세계로 나타난다. 기능이나 역량, 그리고 세부 역량으로 가득찬 리스트는 그 자체로 복잡한 상황을 만드는데, 수업 목표를 결정하거나 교육과정을 개발하는 일은 어려운 문제를 풀어내는 전문가에게 골칫거리가 된다. 규칙은 마련되었고 하위 역량의 성취 여부를 확인하기 위해 모든 것은 준비되었다. 학생이든 전문성을 개발하는 예비 교사든 비즈니스 같은 현실과 우스꽝스러운 가상현실에서 게임은 시작되었다. 이 과정에서 흔적도 없이 사라진 것은 교육에 진정으로 헌신하는 돌봄의 교사이다. 지식, 기술, 태도는 역량으로 환원되었으나 이러한 역량을 획득한다고 직무를 잘 수행할지는 보장할 수 없으며 사랑을 기대할 수도 없다. 세계와 새로운 세대에 대한 사랑은 그 자체로 교사의 지혜, 실천, 관계 속에서 드러나는데, 이 점에서 볼 때 역량 있는 교사가 잘 형성된 교사는 아니다.

전문화 전략의 세 번째 변주는 앞선 두 변주와 관련되는데, 전문화는 책무성의 압박으로 교사에게 다가온다. 앞서 기술한 변주들은 교육이나 교수행위를 일종의 서비스 행위로 보기 때문에, 역량 있는 전문 교사는 누구나 무엇이든 마음대로 이용할 수 있는 존재가 된다. 즉 교사는 수요에 따른 존재가 되는데, 이때 수요는 학생 중심에서 노동시장 중심으로 혹은 사회의 기대라는 명분으로 정부가 제시하는 특정 목표 달성에 집중하는 것까지 포함한다. 교육이 특정한 수요를 위한 공급재가 되자, 그 수요가 무엇인지 모호하고 불분명해지면서 이제 중요한 것은 '양질'의 교육이 된다.

최근 들어 우리 모두가 마주했을 법한 용어인 '양질'이란 말은 오히려 의미가 '텅 비었기' 때문에 실질적 가치를 지닌다. 무엇이든 교육의 질을 측정하는 지표가 되며, 질을 평가하는 완벽한 시선(전시안, 全視眼)을 벗어날 수 있는 것은 없다. '품질 문화quality culture'라는 말은 완벽한 시선에 자발적으로 복종하는 오늘의 교육문화를 완벽하게 표현하고 있다. 모든 1차 행동은 자동 반사처럼 2차 행동으로 이어진다. 이 행동은 '이것이 어떻게 하면 양질의 서비스에 기여할까?' '내가 하고 있는 일이 수요에 대한 적절한 공급인가?'라는 식의 질문으로 요약된다.

교사가 하는 일이 이 같은 질문에 좌지우지되는 데서 책무성 문화가 창출된다. 이제 교사에게는 학생의 요구, 만족, 목표 및 성과, 수행 지표 등과 같은 이미 규정된 질의 지표에 부합하고자 하는 열망이 생긴다. 그리하여 외부에서 들어온 순찰반이나 감사실에서 3차 행동을 완수한다. 이들은 품질 문화가 실제로 존재하는지 문화경찰이 되어 학교와 교사를 감독하는데, 오늘날 만연한 품질 문화에서 자신의 능력을 설명할 수 없거나 설명하길 거부한다면 책무성을 위반한다는 의혹을 받게 되며 동시에 교육의 질이 하락했다는 신호로 여겨진다.

이러한 품질 문화에서 파생된 변주는 과학에 기반을 둔 전문화와 노동시장에 기반을 둔 전문화이다. 과학에 기반을 둔 전문화는 증거 기반evidence-based 전문화라고도 칭하는데, 이때 교사는 과학적 증거를 기반으로 가르칠 것을 요구받는다. 한편 노동시장에 기반을 둔 전문화에서 교사는 노동시장에서 요구되는 역량 프로필에 맞추어 가르칠 것을 요구받는다. 증거 기반 전문화는 과학적 근거가 실현된다는 의미에서 전문적 현실화realism라 하고, 노동시장 기반 전문화는 실제와 직결된 것으로 여겨지는 역량이 오히려 현실과 동떨어져 추상적인 것이 된다는 의미에서 전문적 가상화virtualism라 한다.

전문적 현실화professional realism란 품질 보증quality assurance이란 명분으로 책무성의 절차가 강박적으로 복잡해지는 현상으로 이때 요구되는 책무성은 제도권의 규칙과 절차, 지표에 부합하는지 확인하는 공식적인 사안이 된다. 한편 게임 같은 가상화playful virtualism란 품질 보증을 일종의 게임과 같이 만드는데, 이때 책무성에 동원되는 단어나 개념, 절차 자체에 심취되어 현실과 동떨어지게 된다.

품질 문화에는 세 번째 변주가 있는데, 이는 학교에서 제일 우선시되어야 할 학교를 학교답게 만드는 일과 가르치는 일보다 부차적 일이 되어야 할 책무성을 우선시하는 것이다. 품질 문화에서 설정된 서비스 규칙에 불필요하거나 수용되지 않은 것으로 간주된 것은 실제로도 시행되지 않는다. 이렇게 교사는 자신을 서비스 제공자로 길들이게 되는데, 품질 법정에 출석하여 품질 서비스라는 법을 따른다. 품질 문화에서 품질 보장은 더 이상 절차상 과하거나 지루한 게임이 아니라, 전제주의적인 성격을 지닌 폭주하는 체제로 경험된다.

본래는 학교에서 부차적인 일이 우위를 차지하게 되는 이러한 상황이 학교를 학교답게 만들고 가르치는 일과 관련된 시간과 의미를 규정하는 데 명백히 영향을 미칠 것이다. 이러한 전문화와 품질 보장이 교수학습과 같이 전반적인 학교의 사고 체계를 통제하게 될 것이며, 이에 교사는 오로지 학습 결과나 성장, 그리고 이윤에 집착하는 태도를 갖도록 요구받게 될 것이다. 지속적으로 자신의 일을 품질 문화의 관점에서 정당화해야 하는 교사는 사회적으로 합의된 중요한 사안에 집중하기 어려워지면서, 세계를 공유하는 데 필요한 자신의 권위를 철회한다. 교육적 이상에 헌신하여 구체화하기 위한 교사의 아마추어 정신은 이제 어리석고 비전문적으로 비친다.

품질을 중시하는 능력 있는 교사는 '자유시간'을 알지 못하며, 교사의 시간이 계속해서 요구된다. 교사의 시간은 이미 규정된 목표와 이상을 달성하기 위해 생산적이고 기능적이어야 하며 동시에 효율적으로 쓰여야 한다. 사회 활동에 쓰는 시간이나 학생의 정서적 문제를 위해 보인 관심도 기능적인 것이 되어, 생산성 있는 서비스로 정당화되어야 한다. 비생산적인 시간은 오로지 업무 외 여가시간이나 업무 중 휴식시간에만 허용된다. 그러나 여가시간이든 휴식시간이든 에너지를 생산하고 '재충전'하기 위한 시간으로 실상은 생산적인 시간의 일부라고 할 수 있다.

품질 보장 체제에 반감을 갖든 탈출구를 찾든 어떤 식으로든 교사는 업무와 사생활을 더욱더 구별하려 들 것이다. 사생활은 가르치는 일을 벗어나기 위해서가 아니라 그에 수반된 책무성의 지속적인 압박에서 벗어나기 급급한 교사가 각별히 고안해 낸 시간이다. 교사가 사생활을 찾는 현상은 가르치는 일을 사랑하기 때문에 그 일에 몰두할 수 있는 이 시간을 자유시간이라는 업무 외 시간으로 만들어 버렸다는 점에서 모순적이고 극단적이다. 자신을 자유롭게 하는 교사는 읽어야 할 자료를 여가용으로 삼고, 수업을 면밀하게 계획하는 일을 주말 오락으로 여긴다. 그런데 이러한 아마추어의 시간이 저녁 시간, 밤 시간, 주말이나 휴가기간으로 바뀌었고, 학교는 이제 비즈니스 공간으로서, 그 안에서 교수행위는 교사의 삶 자체이기보다는 단순히 직업이 되었다. 교사의 삶으로서 교수행위는 사생활과 명백하게 구별되지 않는다. 교사는 사랑을 좇아 시간관념도 잊고 업무시간 이후에까지 일하기도 하고, 또 일할 수도 있었다. 그러나 교사의 자유시간이 허락되지 않으면서, 교사가 교육 내용과 이상을 사랑할 여지도 사라졌다. 적어도 비즈니스 시간에는 말이다.

비즈니스가 된 학교에서 교육적 책임responsibility은 대응responsiveness으로 대체되어 교사를 길들인다. 책임이 결과나 이익으로 정당화될 때 교육적 책임은 사라진다. 교육적 책임은 사물에 권위를 부여하고 흥미를 형성시키는 일로서, 학생의 재능이나 학습능력을 개발하거나 정해진 교육과정을 그저 그대로 따르는 것이 아니다. 교육적 책임은 새로운 세계를 열어 보이는 것으로, 학생의 즉각적 삶 세계와 기대에서 학생을 벗어나게 하여 공유된 세계를 형성하는 것이다. 교육적 책임은 교사가 스스로 교육 내용에 흥미를 보이고 구체화하며 교육 내용을 가지고 개발할 시간을 가져서 자기 자신을 완성해 나가는 일이다. 이것이 교육적 책임의 의미이다.

서비스에 대한 책무성 조항을 지나치게 강조하느라, 지금 이 순간의 학생에게 교육 내용을 구체화하고 형성될 수 있는 기회를 부여하면서 동시에 그 자신을 돌보는 방식으로 교육적 이상을 실현하려는 교사의 책임은 책무성 조항에 대응하는 정도에 머물게 된다. 책무성이라는 압박은 급격하게 커지고 있는데, 이로 인해서 교육 내용을 그 자체로서 사랑하는 방식의 세계에 대한 사랑과 흥미와 더불어 학생에 대한 사랑도 잃게 될 것이다. 그 결과, 교사는 청소년과 세계를 더 이상 공유하지 못하고 더 이상 자기 자신도 돌볼 수 없게 되며, 이는 곧 교사가 되는 것 자체를 포기한 교사가 될 것이다.

2.
유연화

품질과 전문성을 최우선으로 삼는 현대의 기업문화에서 직원의 직무 유연성이 강조된다. 사랑, 노력, 헌신, 신념을 고수하는 것은 혁신에는 도움이 되지 않으며, 성장과 이윤을 창출하기에도 좋지 않다. 혹은 그런 것은 역량에 이미 포함되어 있으며, 이 역량은 언제 어디서든 필요할 때마다 알맞게 배치될 수 있고, 반대로 필요하면 언제든 없앨 수도 있다. 마찬가지로 역량 있는 교사의 메타 역량이란 교사 자신이 언제 어디서든 필요한 곳에 배치되어 이용될 수 있는 유용한 상태임을 드러내는 능력이다. 즉 교사는 언제든 필요한 곳에 배치될 수 있도록 스스로 모든 역량을 점검해야 한다.

이것이 유연화flexibilisation의 전략이다. 교사는 절대로 실제로 고용되지는 않았지만 어디에든 '배치될 수 있는deployed' 존재이다. 자신이 담당한 교육 내용에 몰두하거나 교육 내용을 위해 사는 사람은 유연한 교사가 아니다. 유연한 교사flexible teacher는 수요가 있는 모든 것에 몰두할 준비가 되어 있는 사람으로, 마치 회사원처럼 충성을 역량으로 삼아 어느 학교에든 충성을 다하기도 하고 그렇지 않기도 한다.

이때 유연성flexibility은 인력과 물자를 동원mobility하는 것이다. 동원성mobilisation은 제한적으로 전시 체제에 쓰였던 말이지만, 오늘날에는 지식경제 시대에 경쟁하기 위해 무엇이든 동원되어야 한다는 것을 모두가 무리 없이 받아들인다. 최상의 성과를 내는 교육제도를 마련하고, 마치 스포츠 선발전처럼 우수한 학교와 교사로 선발되기 위해 유럽을 비롯해 전 세계적으로 투쟁이 벌어지고 있다. 그러나 대개가 그렇듯 반드시 해야 한다고만 할 뿐 이렇게 경쟁하는데 동원되는 이유가 어느 전쟁을 위한 것인지 혹은 목적은 무엇인지는 불분명하다. 유연성과 동원성은 교사가 군인과 같이 명령에 맹목적으로 복종해야 한다. 전투에는 부상자가 발생하며 모든 승자 뒤에는 패자가 있기 마련이다. 이 모든 희생은 양질의 서비스를 제공하고 최상의 결과를 얻기 위해 치러야 할 대가이다. 교묘하게 작동하는 유연화의 전략은 교사에 관한 이상과 더불어 교사를 위한 이상을 만들어 교사를 길들이는 효과를 발휘한다.

첫째, 유연성은 지속적으로 자기 스스로 점검할 것을 요구한다. 유연한 교사는 언제 어디서든 배치될 수 있도록 준비되어야 하며 배치 가능성deployability을 극대화해야 하기 때문에, 지속적으로 자신의 배치 가능성을 점검해야 한다. 흔히 말하는 것처럼, 요즘에는 역량 리스트가 모두 체크된 포트폴리오를 갖춘 역량 있는 교사가 좋은 교사로 이해된다. 교사는 매니저같이 자신의 포트폴리오에 작성한 주요 역량과 더불어 강점과 약점을 지속적으로 점검하며 끊임없이 자신의 역량 수준을 확인한다.

지속적인 배치 가능성을 확인하기 위한 교사의 자기 성찰은 구체적으로 자신의 수행능력을 강점과 약점의 차원에서 평가하고 문서화하여, 인력으로서 자신의 구매요인을 끌어올리는 마케팅 전략을 지속적으로 개발하는 것이다. 즉 자기 성찰은 일종의 자기관리 management로서, 작은 규모로 관리가 잘되는 훌륭한 기업과 같이 교사는 일의 우선순위를 결정하여 시간을 관리하고, 업무에 요구되는 노력과 충전되어야 할 부분을 관리하며, 업무의 특성에 맞추어 적절하게 인적 자원을 연결하는 역량과 부가가치를 창출하는 서비스를 개발하여 품질을 관리하는 것이 이상적이다. 그 결과 학교 운영이나 학교 내 발생하는 모든 문제의 책임은 교사의 자기관리 문제가 된다. 유연성의 전략으로 부여된 교사의 자유는 이제 새로운 책무가 되어 학교의 문제를 교사의 태도나 개인적 문제로 돌리는 결과를 초래하였다.

이제 교사는 만능으로 한꺼번에 여러 일을 처리해 낼 수 있는 사람이 되어야 한다. 가르치는 행위는 이제 일련의 수행 과업 중에 하나로서, 교사가 획득했을 수도 있고 아닐 수도 있는 그런 역량을 과업 수행에는 구체적으로 발휘해야만 한다. 즉 과업을 수행하기 위해서 교사는 과업에 맞추어 자신이 하는 일을 개념화해야만 한다. 이때 교사는 자제력을 잃지 말고 우선순위를 정해서 일해야 한다는 것을 명심해야 한다. 교사는 더 이상 특정 장소나 사물에 정착하지 못하게 되는데, 이는 곧 자신이 속한 학교와 교육 내용에 대한 교사의 유대감을 포기하게 만드는 일이다. 이렇게 교사를 동원한다는 동원성 담론에서 형성에 필요한 사랑의 관계를 만들어 심화시키는 교사의 일이 점차 어려워지고 권장되지도 않게 된다.

오늘날 교과목과 교육 내용에 대한 교사의 사랑은 별다른 의미가 없는 부차적 사안이 되었다. 한편에는 있는 능력과 요구가 분명한 학습자와 다른 한편에는 있는 도구적 교육 내용을 통한 역량 사이에서 자기 자신의 위치를 파악한 교사는 교육 내용과 학생에 대한 사랑을 표현하기가 어렵다. 교사 스스로 흥미로운 내용에 직접 빠져들어 체화하여 흥미를 유발하는 일은 더욱 어려워졌다.

특히 교원양성과정에서 완벽하게 훈련된 교사상trained teacher이 그려진다. 예비 교사 양성을 위한 교육과정은 더 이상 학문적인 교과목으로 구성되지 않는다. 조립식으로 구성된 역량 리스트를 표준삼아 헬스장에서 보디빌딩bodybuilding을 하는 것같이 역량이라는 근육 조직을 훈련시킨다. 운동 체크리스트를 꼼꼼하게 반복해서 따르고, 심박수나 운동강도를 통제하며 결과를 계속해서 예의 주시한다. 아주 작은 이탈도 기록되어 몸 상태에 대한 피드백을 받는 것이 분석적이고 개별적인 훈련의 세계다. 몸의 핵심 부위를 찾아 근력을 강화한 결과는 정밀 분석된다. 오늘날의 교원양성과정도 헬스장과 다르지 않다. 헬스장과 같이 교원양성과정에서도 부분 역량을 훈련시키고 지속적인 피드백을 통해 성장을 관리한다는 발상이다. 이러한 분석적 훈련이 교과목에 대한 사랑을 얼마나 구체화하여 통합시켜 줄지 의문이다.

역량이라는 근육이 잘 발달한 교사는 잘 형성된 교사인가? 언제 어디든 배치 가능한 지식과 기술에 대한 기능을 스스로 점검하고 성찰하는 교사는 정작 그 스스로 돌보는 일은 사소한 것으로 경시하게 된다. 반면에 사랑의 교사는 역량을 통해 자기 자신을 확인하기보다는 자신의 인격과 교육 내용 및 새로운 세대와의 관계 속에서 나타나는 삶에 대한 헌신된 태도로 드러나는 삶의 방식으로 확인한다.

한편, 유연화의 전략은 표준화된 교사상standardised teacher을 부추긴다. 표준에 부합하는 교사란 효과적인 교수 방법이라는 증거를 확보한 '증거 기반 교수법'이나 전문 프로필과 기본 역량을 강조한 결과이다. 표준화된 교사상에도 교사 간 차이를 인정하지 않는 것은 아니지만, 교사 간의 차이는 어디까지나 직무 수행에 필요한 기본 역량 내의 변주 정도이다. 교사가 갖출 수 있는 최상의 유연성도 같은 측정 단위로 동일한 언어를 사용하는 표준화된 틀 안에서 모든 것이 상호 호환되고 연결될 수 있는 적용 가능성과 동원성을 전제한다.

그러나 교사 간 차이란 아마추어 교사라는 집단을 뛰어나게 만드는 것이다. 교사 개인은 단일 프로필이나 표준화된 틀 내에서 발생한 변주에 불과한 것이 아니다. 사랑의 교사는 개인의 고유한 기준을 구체화하여, 자신이 하는 일에 대한 스스로의 태도와 교육 내용 및 학생과의 관계 속에서 자신이 생각하는 위치 사이에서 균형을 모색한다. 이 모든 노력을 하나의 표준 안에, 측정 가능한 틀 안에 집어넣으려는 것은 교사의 영혼을 강탈하는 것이다. 설령 영혼을 강탈하는 게 의도였다 하더라도, 그것은 교사에게 좋은 일이 아닌 것이 명백하다.

그렇다고 교사가 책무성이나 평가와 같은 모든 일의 통제 위에 군림한다는 것은 아니다. 다만 평가의 새로운 과정과 방식이 필요하다. 교사가 스스로 돌보고 세계와 학생을 사랑하는 적절한 방식을 부여할 필요가 있는데 이를 위해서는 학교의 전문적인 리더십보다는 아마추어 리더십이 필요하다. 아마추어 리더십은 역량 있는 교사로 구성된 표준화된 집단을 폐기하고 사랑의 교사로 다양하게 뭉친 집단을 선호할 것이다. 사랑의 교사 집단은 무언가를 구체화하는 방식에서 다변적이며 바로 이 때문에 사랑의 교사 집단은 표준화된 틀로 주조될 수 없다. 다양하게 구성된 사랑의 교사 집단을 통해서 학생이 자신의 흥미를 일으켜 줄 단 한 명의 교사를 만나게 될 확률이 높아진다. 사랑의 학교 지도자와 교사는 모든 학생의 흥미를 일으킬 수는 없다는 점을 인정하고 있으며, 학생들에게 인기 있다는 것이 필연적으로 영감을 불어넣는 자는 아니라는 점에 대해서 잘 알고 있다.

마지막으로, 유연화의 전략은 계산적인 교사상calculating teacher을 소환한다. 그에 따라 사랑의 교사가 가진 관대함이나 헌신, 완벽성을 추구하려는 태도가 시시한 것이 되고 근본적으로는 사랑의 교사를 불신하게 만든다. 한쪽에 편중된 역량 중심 프로필과 극단적인 품질 문화가 만연함에 따라 오늘날의 교사는 자신의 책무성을 지속적으로 점검하고 증명해야 한다. 즉 교사가 제공한 서비스와 성과에 대한 효율성과 효과성의 차원에서 자신의 정당성을 입증해야 한다.

실제로 현대 학교 경영은 이러한 정당성을 기본 전제로 삼는다. 오늘날 교육정책 담론은 '책무성'을 지속적으로 강조하는데, 이에 따라 교사는 심혈을 기울여 인센티브를 받을 만한 일에 계산적으로 집중하게 된다. 교육정책은 자극-반응 이론에 기초한 행동주의 심리학의 경제학적 버전이다. 교사는 적절한 인센티브라는 자극이 주어질 때 이상적으로 반응하며, 비용편익분석을 고려하여 이해관계를 셈한 다음에야 업무를 보게 된다. 혹여 교육 내용과 학생에 대한 사랑으로 자신의 일을 정당화하려는 교사가 있다면, 경제학적 관점에서 볼 때 이는 교사가 이익을 취하려는 의도를 은폐하기 위해 사용하는 관념에 불과한 것이다. 즉 누구든 이상적이고 고귀한 것으로 자신의 행위를 정당화하려는 것은 통제를 벗어나고 직접적인 투명한 책무성을 면피하려는 시도이기 때문에 경각심을 가져야 한다.

이러한 흥정trade은 비용편익 구조에 영향을 주는 인센티브를 효과적으로 사용하여 교사가 해야만 할 일을 하게 만드는 술수trick이다. 이 술수가 잘 통하면 교사 스스로 마치 이 모든 일이 자신들이 선택한 일이며 자원해서 하는 일이라고 생각하게 된다. 그러나 잘 생각해 보면, 계산적인 교사의 등장은 오늘날 품질 문화가 부과한 책무성이라는 부담의 결과이지 원인은 아니다. 교사가 점차 계산적으로 변한 이유는 이들이 지속적으로 책무성을 요구받기 때문일 것이다. 이때 교사가 책무성을 보이는 것은 무엇보다도 자신의 일에 거의 아무것도 말하지 않는 성과라는 것을 내기 위해 자신의 일을 보충해서라도 어떤 식으로든 결과를 입증해 내야 하는 것이다.

그런데 정말 아마추어 교사가 끊임없이 노력하여 완벽을 기하는 일을 신뢰하는 것이 그렇게도 잘못된 것일까? 불신 정책이 강조하는 것처럼 교사가 자기 이익만 따져서 일한다는 주장은 교사가 꼭 그렇지만은 않으며 이들을 신뢰해야 한다는 주장을 입증하는 것만큼이나 어렵다. 어떤 것도 증명될 수 없다면 결국 이 문제는 교사에 대한 믿음이자 교직에 대한 전제가 된다.

이 점에서 우리는 교사에 대한 믿음을 선택하기로 한다. 교사는 세계와 새로운 세대에 대한 사랑으로 일한다고 믿는다. 그렇다고 교사에게 책무성이 전혀 없다고 주장하는 것은 아니다. 다만 오늘날의 교육정책이 교사의 일을 성과 중심의 생산적 기업의 일로 만들어 버리는 발상에 이의를 제기하는 것이다. 이 발상에서 사회를 대변하는 교사가 가르치는 행위는 더 이상 교육의 이상과 교육 내용 그리고 아이들에 대한 계산되지 않은 의무감으로 수행하는 교육적 과업이 아닌 것이 되었다. 이 의무감은 학습이라는 성과를 내거나 그에 따른 인센티브를 받아내는 것 이상의 일이다. 교사는 스콜라스틱 교육의 연습시간을 열린 사건으로 이해하고 학생에게 흥미를 유발하는 사물이나 일에 측량이 불가능한 권위를 부여한다. 이는 미리 설정된 성과나 인센티브로 계산되거나 통제될 수 없으며, 그런 식의 언어로는 설명될 수도 없다. 사회가 새롭게 되기 위해서는, 사회 자신이 자유로워져야 한다. 성과를 내야하는 의무에서 면제된 교사라는 인물에게 사회를 새롭게 하는 일을 과감히 맡겨야 한다.

6장

실험학교: 공평한 출발

이렇게 학교의 존립 근거를 변론하는 것이 별나게 보일 것이다. 학교가 소멸 직전이라거나 실제로 위협받고 있다는 주장을 진정으로 믿는 사람은 없을 것이기 때문이다. 아주 오래전부터 단단하게 지어진 학교의 건물은 여전히 건재하다. 교원양성과정에 문제가 있다는 말도 들리고 임용자리는 부족하다고들 하지만, 아직까지 교원양성과정에 대한 수요는 높고 새로운 학교는 계속해서 설립되고 있다. 거의 모두가 여전히 학교에 진학하며 대다수의 학교는 초만원으로, 학교라는 장벽 안에 들어서기 위해 학생들은 줄을 선다. 게다가 최근 벨기에의 학교교육이 국제 교육에서 우수한 성과를 낸다는 소식에 우리도 혹하게 되었다. 모든 분야에서 잘하지는 못할지라도 전부 빛날 수는 없는 법이니, 최소한 우리는 꼴찌는 아니며 계속해서 발전하고 있다. 그렇다 하더라도….

그렇다 하더라도, 학교는 이전보다 훨씬 더 심하게 공격받고 있다.

지금까지 언급했듯이 이 공격은 새로운 것이 아니며, 학교가 시작된 이래로 민주적이고 공산주의적인 학교의 성격을 길들이려는 시도는 계속되었다. 그런데 오늘날의 학교 길들이기 시도는 그 어느 때보다도 치명적이다. 많은 학교가 새로 설립되고 있고 거의 모두가 학교에 가고 싶어 할 것이지만, 그와 동시에 학교를 길들이려는 전략과 전술은 유지된다. 이러한 전략과 전술은 세계와 새로운 세대에 대한 사랑으로 학교를 학교답게 만들어 학교에 숨을 불어넣는 학교의 심장을 겨냥하고 있다.

학교를 생각해서 변론하는 것은 학교와 교사, 교육 내용과 학생을 사랑하는 우리 자신인 '교육자'를 위한 것pro domo이다. 하지만 이 변론은 단순히 교육자만을 위한 것은 아니다. 학교를 변론하는 것은 공적인 문제로서 우리 모두에게 영향을 미치는 사안이다. 플라톤과 크세노폰을 통해 우리에게 알려진 유명한 일화인 소크라테스의 변론에서 그는 국가와 사회에 대한 철학과 철학자의 중요성을 강조하며 자신을 변론한다. 철학과 철학자는 시민 스스로 현실에 안주하기보다는 경각심을 게을리하지 말고 개인이자 집단으로서 자기 자신을 돌보라고 강조한다. 이를 위해서 학교를 고안한 것은 사회적으로 볼 때 급진적이며 영향력이 상당하다고 할 수 있는데, 이러한 주장을 한 철학자와 철학도 다행히 학교 안에서 은신처를 찾을 수 있었다.

학교에서 실현되는 '할 수 있다'라는 스콜라스틱 교육의 경험은 분명 철학적인 의미의 '경외'나 '의무'의 도덕적 경험이 아니다. 그러나 '할 수 있다'의 경험은 사회 안에서 이 사회에 대해 민주주의라는 혁명적인 표식을 남긴다. '자유롭고 규정되지 않은 시간'과 '생산적이고 규정된 시간'을 구체적으로 구별한 지점에 학교가 등장한다. 스콜라스틱 교육의 특징은 평등을 구현하여 모두가 시작하는 능력을 경험하게 만드는 것이다. 학교는 미리 규정된 운명과 관련된 그 어떤 개념도 거부하며, 운명이나 자연적 결정론을 위한 기도문에도 귀를 닫았다. 학교는 평등을 전제로 세계를 공공재로 제시하여 흥미와 호기심을 형성하고, 이를 통해 세계를 새롭게 한다.

때문에 학교는 민주주의적 발명일 뿐 아니라 공산주의적인 것이기도 하다. 즉 학교에서 세계는 함께 공유될 뿐 아니라 공짜가 된다. 반면에 최근의 교육 담론은 스콜라스틱 교육과 구별된다. 오늘날 비생산적인 시간은 더 이상 허용되지 않거나 아예 없는 것 같다. 자연 결정론이 재능이라는 신화가 되어 돌아오고, 공공재는 개인의 능력을 자본화하기 위한 원천으로 환원되며, 자원이란 재능을 생산적으로 발달시키기 위한 투자로서 개인의 선택이나 선호가 되었다. 이러한 담론이 지배하는 오늘날에야말로 '공공재'를 창조하는 학교가 특히 변론되어야 한다.

지금까지 논의했듯이, 오늘날 학교에 대한 공격은 학습 성과를 최대한 활용하여 모두의 복지를 보장한다는 매력적인 제안으로 지속되고 있다. 이 제안의 이면이나 기저에는 스콜라스틱 교육의 이상을 무효화하거나 부정하고 파괴하려는 전략이 추구되고 있다. 그리하여 학교는 서비스 제공 기관이 되어 학습을 촉진하고, 개인의 학습 욕구를 만족시키면서 개별적인 학습 성과를 극대화하는 일로 위축되었다. 요즘 우리는 학습을 강조하는 것을 당연시하는데, 그 결과는 개인적이고 집단적인 삶이 최적의 욕구 만족에 집착하는 기업으로 보이게 된다는 것이다. 이 과정에서 학습은 생산에 가장 중요한 요소로 등장하게 되는데, 이때 학습은 새로운 역량을 지속적으로 만들어 내어 인간자본을 축적하는 엔진을 형성하는 일로 이해된다.

학습을 위한 시간은 생산적인 시간이 되었다. 미래의 수입이나 보상 그리고 유용한 자원을 지속적으로 계산하는 일과 결부된 학습을 위해 기업화된 교사와 학생, 그리고 학부모의 시간에는 빈틈이 없다. 개인의 재능은 반드시 발견되어야 하고 개발되어야 한다. 최적의 선택을 통해 부가가치를 창출해야만 하며, 인간자본은 반드시 개발되고 축적되어야 한다. 이 조건은 '지속적인', '지속성'으로 표현되며, 기업가와 같다는 것은 곧 지속적으로 바쁘고 지속되는 기초를 학습하는 것이다.

기업가에게 시간이란 우선순위, 투자, 보상에 관한 시간으로서 생산의 수단이며 생산품이 되기 때문에 '관리'될 수 있고 관리되어야만 하는 것이다. 최근 몇 년간의 정책 문서에는 매우 구체적인 교육상이 드러나는데, 교육을 인간자본을 통한 생산의 수단으로 삼고 있다. 교육은 유용한 학습 성과의 형태나 취업 가능한 역량의 형태로 산출물을 만든다.

정치적 담론과 연계될 때, 교육은 재능과 역량을 개발하여 경제라는 전쟁에 대비하여 동원되어야 하며, 사회의 번영을 보장하고 모두에게 기회를 부여하여, 유럽을 세계에서 제일가는 지식경제사회로 만들기 위해 지속적으로 투쟁해야 할 전쟁을 대비해야 하는 것으로 제시된다. 벨기에 정부의 역량 어젠다에 나타나듯, 이 모든 것은 "문자 그대로 모든 사람이 역량을 발견하고 개발하여 동원deploy될 수 있도록 만드는 일"이다.[51] 정부와 사회는 지속적인 전투가 벌어지는 전쟁이 한창이며, 과학이 이를 지원하고 있다. 이에 따라 교육을 통해서 우리의 역량과 재능을 발휘하라고 요구받고 있으며, 무엇보다도 역량과 재능이 특정한 목적에 따라 배치되어 사용될 수 있어야 한다.[52] 우리는 동원되도록 부름 받으며, 우리 자신이 전적으로 사용되어야 하고 여기에 잃을 시간은 없다. 이때 시간은 우리가 받은 것도 주는 것도 아니며 그저 자원으로서 관리될 수 있고 관리되어야만 하는 것이다.

이 점에서 '자유시간'은 없으며 우리가 시간을 가지고 있는 것도 아니다. 우리는 그저 언제나 원래부터 꽉 들어찬 시간을 어떻게 사

---

51. Retrieved from: http://www.ond.vlaanderen.be/nieuws/archief/2007/2007p/0514-competentieagenda/htm

52. 옮긴이 주: 두 단어 모두 'to plait, 머리나 밧줄 등을 땋다'의 어원을 공유한다. Deploy는 풀어놓는 것, 펼치다(unroll, unfold)(따 놓은 것을, 군사 목적에 따라), Employ는 따 놓는 것, 엮어 놓는 것(목적에 맞게)을 의미한다.

용할지 우선순위만 정할 뿐이다. 시간은 학습하기 위한 시간으로, 최상의 효율성과 효과성을 뽑아내기 위해 최적화되어야 할 생산적 시간이 되었다.

학습을 강조하는 것은 욕구 충족을 위한 자원을 최적화하는 것으로 개인과 집단의 삶을 이해하는 것과 관련되며, 이는 학교를 비생산적 시간으로 보는 관점에 직격타를 날릴 뿐 아니라 학교에는 트로이 목마[53]가 된다. 학교의 핵심과제가 학습이 되면 우리는 내부적으로 큰 어려움에 직면하게 된다. 학교가 하는 일이 학습에 그친다면, 우리는 학교 밖보다는 학교 안에서 학습하는 것이 더 많고 잘한다는 것을 입증해야 하는데 그것은 계속해서 어려워지고 있다. 오늘날 학습은 어디에서나 할 수 있고, 해야만 하는 일이 되어 가기 때문에 학교 안에서만 학습이 가능하다고 말하기 어렵다. 정보통신기술의 도움으로 가상 학습 환경이 출현함에 따라 학교는 학습에 부차적인 것으로 간주되며 위협받고 있다. 시간과 공간이 필요한 학

---

53. 옮긴이 주: 그리스 신화에 등장하는 목마로서 트로이 전쟁에 종지부를 지은 오디세우스의 작전이다. 트로이 성을 함락하려는 아카이아 연합국은 트로이와 10년 동안 전쟁을 벌이지만 지지부진한 공성전만 반복하게 된다. 이때 오디세우스는 거대한 바퀴가 달린 트로이 목마를 만들어 그 안에 잠복하여 트로이 성 안으로 침공하는 계획을 세운다. 그러나 트로이 목마를 트로이 성에 들이는 대외적 명분은 전쟁의 여신 아테나에게 바치는 대규모 제사를 위해 제작된 것이다. 관련하여, 트로이의 장군 아이네이스의 유랑을 기술한 서사시 『아이네이스(Aeneis)』에는 "선물을 가져오는 그리스인을 조심하라(Timeo Danaos et dona ferentes)"라는 표현이 나오는데, 이는 상대가 이유 없이 호의를 베푸는 데에는 그만 한 이유가 있다는 의미로 해석된다. 본고의 맥락에서 학습을 강조하는 오늘날의 교육 담론이 트로이의 목마로 비유되었다. 학교에서 학습을 강조하는 것이 표면적으로는 학교에 이로운 것으로 보이지만 내부적으로 학교를 저해하는 요인이 된다는 의미를 지닌다.

습 공간으로 이해되는 학교는 디지털 시대에 더 이상 필요하지 않다. 학습을 강조하는 것은 학습 환경을 강조하는 것이고, 이를 위해 정보통신기술의 도움으로 효과성과 효율성을 최적으로 얻기 위한 생산적 학습시간을 구축하는 것이다.

학교를 학교답게 하기 위해서는 학습을 강조하는 분위기가 바뀌어야 한다. 오늘날 경제위기는 노동자의 역량이나 노력이 부족해서가 아니라 자본주의의 투기로 인해 초래된 것이다. 재능이라는 우화와 경쟁적인 지식경제에 관한 거대담론과 역량 어젠다가 강조하는 동원화mobilisation는 불안정한 경험적 근거에 의존하여 이 모든 것을 자본화하는 경주에 우리를 맹목적으로 매달리게 만든다. 그 결과 일정은 꽉 차 있는데 정작 우리는 빈손이다. 교육의 동원화는 품질 문화와 책무성 문화를 만들어서 우리의 계정을 계속해서 가득 채우고 있다. 동원화를 촉구하는 데 사용되는 길게 늘어선 숫자나 날조된 정보들과 각종 망상과 같은 모호한 수단을 명백히 사용하고 있다. 그러나 동원화는 새로운 세대를 통한 사회 재건이라는 학교와 교육의 본질적 임무를 훼손한다. 앞서 언급했듯이 학교는 개인의 직접적 삶 세계에서 배울 수 없는 것을 배우는 곳이며, 동시에 지식과 전문성을 공공재로 자유롭게 하여 형성을 가능하게 만드는 공간이다. 학교는 학습성취를 극대화하거나 생산적 시간을 부여하는 일에 고심하기보다는 형성을 가능하게 하는 일, 공부하고 연습하고 생각하는 데 필요한 자유시간을 부여하는 일에 고심한다.

정보통신기술의 발전이 기존의 스콜라스틱 교육의 구조를 점차 종결시키고, 교사와 학생이 더 이상 아무것도 할 시간이 없는 상황에서, 우리에게 필요한 것은 학교를 다시 고안해 내는 것이다. 그렇다고 이전의 학교 구조나 테크닉, 실천을 영광스럽게 재현한다든가 충실하게 보존하자고 주장하는 것은 아니다. 다만 오늘날의 세계에서 '자유시간'을 만들어 내어 청소년을 '공공재'로 불러 모으는 구체적인 방식을 학교를 통해 실험되어야 한다는 것이다. 이 실험은 개인이나 사회가 결정한 전망과 같이 외부적 시선으로 통제되는 것이 아닌, 전적으로 스콜라스틱 교육으로 채워진 실험이다.

지금까지 우리는 스콜라스틱 교육의 민주적이고 공산주의적인 성격을 기초 삼아 가능한 한 구체적인 논의를 개발하기 위한 밑그림을 그려 보고자 노력했다. 그러나 이러한 노력은 기존의 학교 이해와 다소 차이를 보이기도 하는데, 우리가 그리는 밑그림은 학교의 본래성authenticity이라는 잣대를 세우기 위한 표지이다. 그것을 통해 스콜라스틱 형태gestalt를 구성하는 스콜라스틱 교육에 필요한 요소를 이해하게 되는 것이다. 스콜라스틱 교육의 형태는 부가가치와 양질을 규정하는 기준이나 지표로 구성된 세트가 아니며, 스콜라스틱 교육의 다양한 성격을 가지고 실험하기 위한 것이다.

'자유시간'이 만들어지는 다양한 방식을 실험해 볼 수 있다. 이때 사회에서 보기에 중요하다고 여기는 취업 가능성과 효율성의 논리 구조로 이해되는 시간은 괄호 안에 묶어 두고, 한시적이나마 유예되고, 학교 안에서 우리는 동원되는 것이 아니라 어떤 것에 그리고 어떤 곳에 잠시 거주해 보게 된다. 결과적으로는 그리될지라도, 거주한다는 것은 단순히 '천천히 해 보는' 정도의 문제가 아니며, 구체적인 결과라는 외부적인 요인과 직결되지 않는 연습을 해 보는 것이다.

사유시간을 만드는 시도는 명백히 세계를 보이려는 시도인데, 이는 권위를 사물에 내어 주어 사물이 말하게 하고, 사물이 이렇게 말하는 방식은 곧 타인에게 말하는 능력이 된다. 소위 학교의 교과목과 교육 내용은 전통적인 형태를 지니며 그 안에서 다양한 시도가 진행되는데, 오늘날 '간학문적' 교육과정 내용은 이 형태의 확장판이다. 그러나 오늘날 교과목과 교과 내용은 역량을 위한 도구이자 학업성취를 위한 도구가 되고 있다. 우리에게 도전 과제는 '공공재'로 지정될 만한 가치가 있는 것이 무엇인지, 세계에 대한 사랑이라는 시험에 통과될 만한 것은 무엇인지, 그리고 이를 위해 공부하고 연습하여 개인의 형성을 위해 자유롭게 될 만한 가치가 있는 것이 무엇인지 찾아내는 것이다.

이 점에서 우리는 더 이상 우리 자신을 소위 말하는 언어나 역사와 같은 문자문화 교육과 수학이나 물리와 같은 자연과학 교육에 제한할 수 없다. 오늘날 기술은 삶의 모든 면에 영향을 끼치고 있으며 이 기술을 '자유롭게 하는 것'은 우리의 교육적 책무이다. 그렇게 하지 않는 것은 청소년에게 세계를 재건할 기회를 빼앗는 것이다.

기술이 우리 삶에 더욱 영향을 미치게 됨에 따라 문화를 이어 주는 책/쓰기는 화면과 이미지로, 소통하는 디지털 미디어와 디지털 소통 양식이 가장 중요한 문화 전수가 될 것이다.

디지털 기술교육으로 실험하는 것은 그 분야의 기본 역량을 목표로 삼는 학습 정도를 개발하는 것과는 사뭇 다르다. 우리에게 도전 과제는 디지털 기술 세계에서도 '시작할 수 있다'를 가능하게 하는 경험을 만드는 것이다. 이 분야의 역량을 가르쳐야 하는 절박한 이유는 없으며, 아마도 학교는 이 일에 최적의 장소가 아닐 수도 있다. 다만 디지털 세계의 기술적 형성을 가능케 하는 방법과 내용으로 실험하는 것이 본래적으로 스콜라스틱 교육의 과제이다. 개인의 삶 바깥의 세계를 탐험하여 흥미를 가지게 되는 것, 개인의 디지털 기술적 자아를 개발하는 시간을 가지는 것이 중요한 문제다. 여기에 잘 개발된 아마추어 정신의 교사가 필요한 것은 두말할 필요도 없다. 자신의 전문성을 공유할 교사뿐 아니라, 생산적 지식과 기술을 유예하고 청소년에게 연습하고 공부하며 생각할 시간을 부여할 수 있는 교사 말이다. 전통적인 교육과정은 아무래도 이 부분과 잘 부합하지 않을 것이다. 그리고 그 자리를 간학문에 전적으로 위임하지도 않을 것이다. 이 점에서, 실험이 필수적이며, 이 경우에도 역량 기반 접근은 권장할 만한 것이 못 된다. 역량에 기반을 둔 교육은 취업 가능성과 개인의 성과에 집중하여 공공재로 실현되는 공부와 연습, 그리고 형성이 불가능하게 위협하기 때문이다.

우리는 가정과 경제, 정치의 영역에서 분리된 특정한 시간과 공간을 창조하는 학교를 디자인하고 배치하기 위한 여러 방법을 실험해야 한다. 학교의 시간과 공간은 학습 성취를 극대화하기 위한 개인의 학습 요구나 개인의 학습과정을 위해 고안된 용품이나, 지속적으로 순환되는 유연한 서비스로 규정되지 않는다. 학교는 그 자체 독립적이며 세계 내에 흥미를 공유할 수 있도록 거주할 수 있는 곳이자 사물이 그 자체로 드러날 수 있는 곳이면서 사물의 기능성은 한시적으로 유예되는 곳이다. 개인적으로 성취되는 목표에 전적으로 함몰되지 않고, 그런 기대는 한시적으로 유예되어 새로운 흥미가 창출되어 공유되는 세계를 만들어 내는 시간과 공간은 어떻게 나타날 수 있을까? 개별적 요구보다는 세계로 대변되는 사물과 교육 내용을 드러내는 데 집중할 학교의 시간과 공간을 디자인하는 실험이 필요하다. 오늘날 학교에서 세계의 풀려남은 더 이상 벽이나 창문과 교문의 문제가 아니라 스크린에 관한 문제이기도 하다. 스콜라스틱 교육에서 스크린에 대한 새로운 시도가 있는가?

새로운 테크닉과 작업 방식이 실험되어야 한다. 이 점에서 정보통신기술ICT은 스콜라스틱 테크닉으로 이해될 수 있다. 스콜라스틱 테크닉은 정부나 교사가 이미 결정된 목표를 달성하거나 학업성취를 생산 결과로 얻기 위해 쓰는 것이 아니다. 반대로, 스콜라스틱 테크닉은 기존의 일반적 쓰임을 유예하여 세속화함으로써, 공유되고 흥미를 자아낼 수 있는 방식으로 '할 수 있다'는 가능성의 경험을 불러내도록 만드는 기술이 되어야 한다.

이것이 스콜라스틱 교육의 방법인데 정보통신기술은 세계를 사유화하고 규제하며 시장화하는 여러 시도로부터 자유로워지면, 학생들의 주의를 집중시킬 독특한 잠재력을 가지고 있는데, 예를 들어 스크린은 전례 없는 방식으로 우리의 관심을 끌고, 공유된 세계를 우리 앞에 드러나게 만드는 능력이 있다.[54] 이 같은 기술 대체로 개인의 세계를 관통하여 시장의 규모를 키우는 데 활용된다. 다른 말로 하자면 학습자의 주의를 집중시키는 역할로 인해 기술의 생산성을 확인한다. 이것이 주의집중의 자본화capitalisation of attention라고 할 수 있다. 이때 학교는 세계를 자본으로 환원되게 만드는 매력적인 공범자가 된다.

정보통신기술은 확실히 지식과 기술을 유례없는 방식으로 자유롭게 만드는데, 이때 학교의 과제는 이 기술이 우리 삶에 진정으로 무엇을 가져다줄 수 있는지, 흥미를 자아낼 만한지, 나눔의 경험(공공재)과 관계된 것인지, 그리고 세계를 재건하게 만드는지 여부를 확인하는 것이다. 이 점에서 정보와 지식 그리고 전문지식을 이용할 수 있게 만드는 것은 공공재로 만드는 것과 별개의 문제인 것 같다. 칠판이 그랬던 것처럼 스크린은 학생들의 주의를 끌고, 집중하게 만드는 데 상당히 효과가 있는데, 어떻게 하면 이것을 가지고 모두를

54. Bernard Stiegler(2010). Taking Care of Youth and the Generations(S. Barker, trans.). Stanford: Stanford University Press.

지금 이 순간에 불러 모아 공부하고 연습하게 만들게 할 것인지는 우리에게 도전 과제이다. 이와 관련하여 다양한 장치와 방법으로 시도해 보는 새로운 작업 방식도 많이 등장한다. 일례로 받아쓰기는 풀려난 언어의 세계를 정면으로 마주하는 경험으로 이해된다. 그렇다면 해킹은 프로그램화된 기성 세계를 풀어내어 정면으로 마주하는 방식이 될 수 있을까? 스콜라스틱 형태의 해킹도 가능할까?

전문화와 역량, 그리고 각종 의혹과 불신으로 점철되어 통제를 목표로 하는 학업성취에 대한 책무성을 학교와 교사에게 지속적으로 요구하는 오늘날 정책 실험이 필요하다. 이 정책은 교사가 자기 일에 대한 사랑과 교과목과 학생에 대한 사랑으로 애쓴다는 점을 전제해야 한다. 사랑의 교사는 기회의 평등을 보장하는 것을 최우선으로 삼아 전문성과 교수법을 하나에 고정하기보다는 아마추어 정신과 관련된 어휘를 가지고 학생에게 기회를 주는 방법을 탐구한다. 특히 아마추어 정신을 갖춘 교사집단의 다양성을 최대한 보장하되 교사를 단일한 프로필, 기술, 방법 등에 따라 표준화하지 않는 방법을 탐구해야 한다. 무엇보다도, 모든 교사가 모든 학생에 영감을 불러일으킬 수 없는 법이기 때문에, 학생 입장에서 '나는 이것을 할 수 있다'의 경험을 가능하게 만드는 교사를 최소한 단 한 명이라도 만날 수 있는 최상의 기회를 가질 수 있도록 교사의 다양성이 보장되어야 한다. 그 출발점으로서 예비 교사를 포함하여 모든 교사는 정기적인 방법으로 다양하게 교과목과 교육 내용에 몰두할 수 있는 기회가 필요하다. 이는 교사에게 자유시간을 부여한다는 의미로, 전문화되는 시간이 아니며 교직에 대해 자기만의 방법으로 전념해 보는 시간이다. 이를 통해 교사는 학습자에 집중하기보다는 교육 내용과 학생에 대한 책임을 다하게 될 것이다.

이 같은 실험을 요청하는 것에 덧붙여 모든 교육자가 다시 일어서서 그들의 진정성 있는 목소리가 세상에 들리게 되길 바란다. 많은 교사들이 이미 이런 일을 해 왔고, 칭찬받아 마땅한데, 오늘날 교육자의 목소리는 그 어느 때보다 위축되고 있는 것 같다. 확실히, 교육자라는 이름이 악용되고 있는데, 악의적이고 공상적인 박애주의자나 공론가, 고집불통의 청년지도자나 권위주의적으로 조종하는 자, 판매자나 고용주가 자신들이야말로 교육자라고 말한다. 요즘에는 특히 전문적인 학습 촉진자로 변신한 자만이 교육자로 인정받는다. 이들은 교육적인 것과 나날이 성장하는 학습과학을 신봉한다고 말한다.

그러나 우리가 온 마음으로 전하고 싶은 말은 교사들에게 교육자가 되길 요청하는 것이다. 교육자는 어린이와 청소년을 학교로 안내하는 인물이자 학교에 형태와 모양을 부여하는 데 일조하였다. 학교를 사랑하는 교육자는 세계와 새로운 세대를 사랑하며 학교가 학습이 아닌 형성에 관한 곳임을 알고, 개인의 학습 요구보다는 모두의 흥미를 일깨우는 일에 집중한다. 학교는 생산의 시간이 아닌 자유시간이다. 학교는 재능을 개발하거나 학생의 세계를 영입하는 곳이 아닌 손안에 들어온 과업에 집중하는 곳, 학생 자신을 개인적 삶 세계에서부터 빠져나와 스스로 고양되는 곳이다. 학교는 개발이 강요된 공간이 아니라, '할 수 있다'는 경험의 공간이다. 이러한 스콜라스틱 교육에서 교사가 무엇보다도 중요하다. 교사야말로 우리 아이들에게 공통의 세계를 열어 생기를 부여하는 자들이기 때문이다. 교사는 신념이 물질로 드러난 시간과 공간을 대변한다. 그 신념은 특권층이 말하는 자연적 질서가 없다는 것, 우리는 모두 평등하다는 것, 그리고 세계는 모두에게 속한 것이며 따라서 특정인의 것이 아니라는 것, 학교는 누구의 땅도 아닌 모험의 지대로 모두가 그 자신을 고양할 수 있는 공간이라고 말한다. 태초에 말이 있었다면, 학교에는 모두가 함께하는 시작이 있다.

학교 우화
혹은 우리 아이들에게 설명된 학교

한 사회를 상상해 보라. 그 사회 안에서 모두가 자신의 능력을 개발할 수 있는데, 모든 능력은 공평하게 평가되며 모든 사람은 그 재능을 사용 가능한 역량으로 개발할 기회가 주어졌다. 이 사회에서 기술의 공급은 수요와 균형을 이루고 있으며 모든 사람은 자신의 역량을 개발하고 정기적으로 갱신하고자 한다. 모든 사람은 전 생애에 걸쳐 학습한다. 모든 사람은 지속적으로 이동하며, 모든 것은 그리고 모든 사람은 적재적소에 놓여 있고 유연성과 동원성이 보장되었다. 재능과 역량이 상호 호환되고 이를 통해 사회의 발전과 혁신이 가능하다. 이 조화로운 사회를 유지하기 위해 학습역량센터가 마련되었다. 최적화된 학습 진로가 모든 시민에게 제공되어 시민 학습자가 역량을 개발하도록 돕고, 덜 숙련된 학습자가 살아가는 데 필요한 도움을 제공한다. 이 모든 이동이 올바른 방향으로 가게 하기 위해 개별 학습 파일이 관리되고 학습화폐와 중앙은행은 교육 서비스가 모두의 요구에 부합하는지 정기적으로 확인한다. 모든 학습 성과는 정확하게 문서화되어 보증되고 학습 진로는 정밀하게 편성된다. 특정 학습 요구는 목록으로 작성되고 웰빙의 정도나 행복감, 취업 가능성 또한 정확하게 관리된다. 이 모든 것은 요람에서, 아니 어머니 자궁에서부터 무덤까지 이루어진다. 이 사회의 핵심은 투명성과 양질의 의사소통, 그리고 서비스로 개인은 처음부터 학습자로 명명되며 무수한 기본 기술을 획득하는 것이 기본 권리로 보장되었다. 말 그대로 모든 것이 될 수 있고, 또 가능한 이 사회는 모든 것이 공유되고, 지속적으로 진화하는 학습공동체이다.

아마도 그런 세계를 상상하는 것이 그다지 어렵지 않을 것이다. 그러나 이 상상을 실제로 시험해 보자. 우리가 앞으로 교육자로 부르게 될 이 사람을 주목해 보자. 그는 어린아이를 학습자라 부르지 않으며 다만 아이에게 자신을 따라 연기가 자욱하고 불빛은 어두운 동굴로 따라오도록 그의 손을 잡아 이끈다. 이 교육자는 아둔한 집단의 공범자로 보이는데, 이들은 밝은 빛과 학습사회의 투명성에 익숙한 아이를 의자에 묶어 둔다. 아이들은 가능하면 빨리 이 동굴에서 벗어나고 싶어 할 것이다. 그들을 붙잡아 두는 것은 폭력행위에 지나지 않으며 그들의 기본권을 침탈하는 것으로 보인다.

이 아둔한 자들은 의심도 많아서, 사물을 다르게 본다. 그들은 자신을 교사라 칭하며 아이들을 그들 앞에 불러 모은다. 한 명 한 명 모두를 부르는데, 인종이나 출신도 상관없고, 바깥세상에서 아이들을 그다지도 유별나게 만들었던 학습 요구도 개의치 않는다. 동굴에서 교사는 그들을 학생이라 부르는데, 이때 교사는 소수의 특별한 아이가 아닌 모두를 위해 존재한다. 아동보호 서비스도 조심해야 한다! 상황이 더 나빠질 수 있다. 교사가 사물을 동굴 벽에 투사하여 보이고, 학생들더러 그것들을 뚫어져라 쳐다보게 하는 상황을 상상해 보라. 특히 아이들에게 무엇을 보고자 하는지 묻지도 않은 채 말이다.

역으로, 이 아둔한 집단은 자신들이 벽에 투사하는 것이 중요하다고 말한다. 그것이 유용하거나 쓸모 있기 때문이 아니라, 그저 자신들이 흥미 있다고 생각하는 것을 나누고자 하는 마음에서 그런 것이라면? 한 발 더 나가서, 이들은 자신들이 투사한 데서 세계가 보일 것이라고 믿고 말한다. 그들은 이렇게 희미한 불빛 아래 동굴에서 이 세계를 소환해 내어 세계에 대한 학생의 흥미를 일깨울 수 있다고 믿는다. 이 같은 형성의 음유시인들의 의도는 청소년을 자기 자신의 세계에서 빠져나와 그들 스스로 형성을 시작할 수 있도록 하는 데 있다. 그들은 연습하고 공부할 것을 요청한다. 명백한 의도는 있지만 미리 규정된 결과는 없다. 그들은 학습사회에서 걱정의 대상이다. 어찌 그러지 않을 수 있겠는가? 이 우둔한 집단은 일상의 삶과 학습 세계 밖에 세계가 존재한다고 믿는다. 그들은 조롱과 놀림, 그리고 심지어는 미움을 살 만하다. 세계에 대한 그들의 사랑, 그리고 학생들에 대한 사랑과 더불어 그들은 기존의 경제세계의 경계

바깥에 서 있기 때문이다. 경제와 기술의 축적을 한시적으로 무효화하는 것이 경제를 파탄 내자는 것과 명백히 다른 것이라고 아무리 말해도 학습된 사회 구성원을 달랠 수 없다. 취업 가능한 상태를 위해 새로운 기술을 지속적으로 개발하는 것이 학습된 대중의 기본 가치이며 단순히 경시할 수 있는 것이 아니다.

마지막으로, 이러한 교사가 결국 학생들의 쇠사슬을 끊어 버리는 장면을 상상해 보자. 동굴 밖에 나선 학생들은 밝은 빛에 적응하기 위해 시간이 필요할 것이며, 이들의 관심도 결국에는 사물의 경제성을 향할 것이다. 아무것도 바뀌지 않을 것이라는 것이 학교비판론자들의 무기이다. 아이들을 자신의 세계에서 떨어져 나오게 만들고 취업 가능성을 경시하는 것은 말 그대로 터무니없다. 그런 일에는 아무런 부가가치도 따라오지 않는다는 것은 말할 것도 없다. 학생들도 점차 이탈을 보이기 시작하여 유연성도 떨어지고 반복에 따른 피로감이 퍼지며 일부는 관습에 빠진다. 동굴이 청소년을 망치고 있으며 사회의 유연성을 박탈했다며 학교를 비판하기에 좋은 먹잇감이 된다. 그러나 여기에 그치지 않는다. 시간이 흐름에 따라 교육을 잘 받은 사람이 희한한 방식의 사랑을 개발하여 인간과 사물 모두를 사랑한다며 흥미로운 질문을 제기한다. 학습 파일에는 먼지가 쌓이고, 학습역량이라 불리던 화폐는 가치를 잃기 시작한다. 학습사회의 경제는 계속해서 작동하고 모든 것은 그대로 남아 있지만, 여기저기 다소간의 차이만 있다. 그런데 모든 것이 바뀌었다. 왜냐하면 세계는 개인의 고유한 삶의 세계 밖에 존재하기 때문이다. 그저 상상해 보라.

옮긴이 후기

저는 영국 런던에서 박사학위 당시 지도 교수님인 폴 스탠디시Paul Standish 교수님이 벨기에의 루벤 대학교와 공동 주관하신 대학원 학생 간의 콜로키움 교류를 통해서 루벤 대학교의 교수님이신 저자들을 처음 만나 뵙게 되었습니다. 당시 저자들은 제가 콜로키움에서 발표한 내용에 대해 깊은 관심을 보여 주시고 조언을 아끼지 않으셨습니다. 그러던 중 2015년 6월 런던대에서 개최한 교육철학 수요 세미나에서는 이 책의 영문판 출판 기념회를 겸한 콘퍼런스를 기획하게 되었습니다. 저도 당시 기념회를 통해 처음 이 책을 접하고 저자의 견해를 가까이서 청취할 수 있었습니다. 이를 계기로 이 책을 한국어로 번역해야겠다는 결심을 저자들께 알렸을 때 크게 반가워하시고 응원해 주셨습니다. 이후 번역 과정에서 이해가 가지 않는 부분을 저자들께 직접 문의드릴 수 있었던 것은 역자로서 깊은 영광이었습니다. 본 글은 제가 이 책에서 특히 공감했던 부분을 중심으로 번역 과정의 소회를 짧게 기술하는 옮긴이의 변입니다.

파울로 프레이리가 지적한 바와 같이 교육적인 것은 정치적인 것이라는 점은 이론의 여지가 없을 것입니다. 확실히 학교는 정치적이며, 저자도 이 점을 부인하지 않습니다. 다만 정치적 이념이 아무리 순결할지라도 이를 학교 안에 직접 들여오는 일을 경계해야 한다고 주장합니다. 저자가 강조하는 학교의 정치성은 학교 안에 직접 개입된 정치가 아닌 저자가 규정하는 학교의 학교다움으로서 스콜라스틱 학교의 가능성을 의미합니다. 즉 스콜라스틱 학교에 전제된 평등 안에서 새로운 세대가 기성세대의 세계를 마주하여 실험하는 과정을 통해 기존 세계에 긴장과 변화를 불러올 수 있는 방식으로 사회에 기여하는 정치성을 의미합니다. 저자가 학교를 변론하는 일이 공적인 사안이라고 말하는 이유도 바로 학교의 정치적 가능성을 염두에 둔 표현으로 보입니다. 반면에 기존의 학교교육은 학교 안에 정치가 직접 개입되어서 기성 사회가 지향하는 이념이나 인간상에 새로운 세대를 끼워 맞추려 한 점이 문제라고 지적합니다. 오늘의 학교교육의 위기는 기성 사회의 양태가 학교교육의 존립을 훼손하는 지경에까지 이르렀으며, 이는 곧 새로운 세대의 출현 가능성을 저해하는 일을 초래하기에 저자는 학교를 공적 사안으로서 변론해야 한다고 주장하게 됩니다.

이 책의 영문판 제목에는 'defence'로 기술되었습니다만, 본래 저자가 모국어인 네덜란드어로 의도한 것은 'apology'입니다. 영어에서 defence의 사전적 의미가 방어 혹은 방위의 의미에 가까운 반면 apology는 방어를 위한 수사적 행위가 부각된 표현이라고 할 수 있습니다. 이러한 저자의 의도는 플라톤의 대화편 중 하나인 소크라테스의 변론(혹은 변명)에서 동일하게 쓰이는 apology에 가깝습니다. 소크라테스가 법정에서 부당한 죄상에 대해 자신의 입장을 구두로 변론하듯이 이 책은 교육자로서 저자들이 오늘날 학교교육과 관련된 교육적·사회적 문제점을 지적하며 학교의 본래적 의미를 변론하는 것입니다. 특히 변론에서 소크라테스가 자신의 목숨까지 걸며 지키고자 했던 애지愛智에 대한 소신을 드러낸 것과 유사한 무게감으로 저자는 학교 변론에 임하는 것으로 보입니다.

변론에서 보이는 저자의 소신은 기존의 교육 쟁점으로 양분된 진보주의 혹은 개혁주의와 전통주의 교육 이념을 극복하는 것입니다. 이 책이 때로 전통주의 교육을 주장하는 글로 읽히기도 하고 동시에 진보주의 교육으로 읽히기도 하는 점이 흥미롭습니다만, 단언컨대 이 책은 기존의 교육 쟁점 중 하나를 취하는 입장이 아닙니다. 오히려 저자는 새로운 세대에게 새로운 세계를 구상할 기회를 박탈한다는 의미에서 개혁주의와 전통주의는 공통된 성격을 보인다고도 말합니다. 특히 19세기에 제도로서 정착된 학교교육이 '기계적이었고 목적이 정해진 쓰임에만 제한된' 교육에 그쳤다면 오늘날의 교육은 '자리에 앉으렴, 시도해 보렴, 나는 학습의 촉진자로서 옆에서 너를 도울게'라고 하며 학생들에게 아무것도 제시하지 않는 교육이라고 비판합니다.

이처럼 기존의 교육 쟁점을 벗어나 학교 의미를 제고하기 위해 저자는 학교의 평등 개념을 스콜라스틱 교육으로 규정하며 학교의 학교다움을 드러내는 양태에 대해 심도 있게 논의합니다. 기존의 교육 담론에서 평등이란 분배적 정의에 따라 문제가 되는 대상을 얼마나 공평하게 나누는지에 관심을 기울인다면, 저자는 1) 누구에게도 소유되지 않은 시간에, 2) 고정된 사회적 역할이나 선천적 재능 따위의 구별에 귀속되지 않고 다만 공부하고 연습하는 존재로 규정된 학생이, 3) 마찬가지로 특정한 목적에 결박되지 않은 사물과 세계에 관심을 가지고 들여다보게 되는 공간으로서의 학교를 민주적 공간이자 '할 수 있음'의 평등으로 규정합니다. 저자는 고대 그리스 사회에서 처음 출현한 학교의 기획 의도가 자유시간을 의미하는 평등임을 강조합니다만, 그렇다고 학교가 역사상 실제로 평등을 실현했다는 의미는 아닙니다. 고대 그리스 사회에서 학교의 자유시간을 누릴 수 있었던 교육 대상은 여자, 외국인, 노예를 제외한 자유민의 자제에 국한되었다는 점이 이를 방증합니다. 때문에 이 책은 역사상 학교가 애초에 기획한 평등을 왜 실현하지 못했는지 책의 절반을 할애하여 설명합니다. 이 책은 학교의 정치적 가능성을 두려워하는 집단이 행사한 학교 길들이기의 역사를 설득력 있게 기술합니다.

저자가 변론하는 내용의 한 축에서 학교 혐의에 대한 부당함과 역사상 학교 길들이기의 양태를 논의한다면, 다른 한 축에는 학교의 본질적 의미를 규명하는 일이 있습니다. 저자는 스콜라스틱 교육이라는 용어를 통해 학교를 학교답게 하는 것, 즉 학교의 기획 의도인 평등을 실현하는 교육을 이 책의 3장에서 심도 있게 논의합니다. 스콜라스틱scholastic이란 표현이 중세시대 사원학교의 교수를 칭하는 스콜라스티쿠스scholasticus를 연상시키기도 하고, 이들이 발전시킨 스콜라철학과 관련된 것으로 보이기 때문에 부득이 고루한 인상을 보일 수 있습니다. 그러나 이들 표현도 학교의 어원과 마찬가지로 고대 그리스어에서 자유시간을 의미하는 스콜레σχολή를 라틴어로 음차한 것입니다. 한국어 번역판에서는 역자의 부족함으로 인해 scholastic이란 표현의 마땅한 번역어를 찾지 못해 이를 부득이 음차하여 표기하였습니다만, 이를 학교의 한자어와 비교해 보는 것도 자못 흥미롭습니다. 학교의 한자는 각각 배울 학學과 학교 교校로 구성됩니다. 사전의 뜻풀이를 확인해 보니 학교 교는 구부러진 나무木를 엇걸어서交 바로잡는다는 의미가 있다고 합니다. 이 점에서 학교의 한자어에는 배우는 공간(학교)에서 일어나는 행위의 특징이 내포되어 있다면, 학교의 고대 그리스어 어원에는 배우는 시간의 특징이 내포되어 있다 할 것입니다. 즉 스콜라스틱 교육은 학교의 어원에 내포된 자유시간의 의미를 강조하는 표현입니다.

이렇게 3장에서는 스콜라스틱 교육에서 발생하는 자유시간의 특징을 기술합니다. 먼저 학교의 자유시간에 학생은 가정의 의무로부터 유예되고, 교육 내용은 사회적·경제적 목적으로 유예됩니다. 유예suspension라는 표현이 우리 학교교육에서 정학과 같이 부정적인 인상을 주기 때문에 번역어로 선택하는 데 고심하였습니다만, 저자가 의도한 '잠시 멈춤'이란 의미를 온전히 전달하고자 부득이 이 표현을 택하였습니다. 즉 학교에서 학생은 가정 안에서 아들, 딸이었던 역할을 잠시 멈추지만 학교 일과가 끝나면 학생은 다시 누군가의 아들, 딸이 되는 것입니다. 교육 내용의 유예도 마찬가지입니다. 자동차 정비소에서 다루는 고장 난 엔진은 공임을 받고 수리되어야 할 엔진으로서 경제활동과 관련되는 사물이지만, 자동차 정비 수업 시간에 엔진은 경제활동과의 관련이 잠시 멈춘 상태가 되는 것입니다.

한편 일상 세계에서 사물이 특정한 사용 목적에 고정된 상태를 당연하게 여기는 것, 그렇게 쓰이지 않으면 오히려 불경하게 보일 수 있는 것이란 의미에서 신성화라 표현하고, 이에 대비되는 표현으로 해당 사물이 교육 내용으로 다루어질 때 특정한 목적에서 풀려난다는 의미에서 신성시되었던 것이 세속화된다고 표현합니다. 이렇게 학교의 자유시간에서 허용된 유예와 세속화 속에서 교사는 아이를 집중하게 만들고 세계를 흥미롭게 보게 하는 교육적 책임이 있다고 말하는 것입니다. 관련하여, 저자들은 한나 아렌트를 인용하며 교사가 '우리 이전 세대에게는 이것이 중요하다'고 표현되는 세계에 대한 사랑과 '새로운 세계를 구성하는 일은 너희 젊은 세대에게 달려 있다'고 표현되는 아이에 대한 사랑을 가져야 한다고 주장합니다. 또한 교사는 자신이 가르치는 교육 내용에 대한 사랑과 자신이 맡은 아이들에 대한 사랑 없이는 스콜라스틱 교육이 불가능하다고 말하며 아마추어 정신을 강조합니다. 이때 학교는 아이들의 차이를 인정하되 선천적 차이에 따라 능력을 분류하는 것이 아닌 모두가 '할 수 있음', '시작할 수 있음'의 측면에서 평등하다고 주장합니다. 저자들이 언급하는 학교의 테크놀로지는 최신 교수법과는 다소 거리가 먼 이야기이기 때문에 경우에 따라 전통주의 교육을 예찬하는 것으로 오해를 받을 소지가 있지만, 저자가 의도하는 것은 구체적인 교수법의 효율성을 밝히는 것이 아닌, 교수법에 의도된 주의를 집중시키는 방법과 형성forming의 과정입니다.

마지막으로 이 책의 두드러진 특징은 구체적인 대상을 지칭하지 않는다는 점입니다. '어떤 것을 해 본다', '무언가를 책상 위에 올려놓는다'는 표현과 같이 저자는 스콜라스틱 교육에서 다루어지는 대상을 명시하기보다는 학교 안 구성원의 행위에 주목합니다. 즉 스콜라스틱 교육은 '해 보다'와 같은 시도, '올려놓는다'와 같이 무언가를 문제로 삼는 행위 자체가 관건인 것입니다. 요컨대 스콜라스틱 교육은 특정한 교육 이념이나 구체적인 정치적 이상을 실현하는 학교가 아닌, 시작하고 시도해 보는 시간이자 공간으로서 학교의 평등에 관한 논의입니다.

이 책을 번역해야겠다고 마음먹게 된 여러 계기 중 개인적으로는 옮긴이 자신의 교육 경험에 대한 반성의 차원이 한몫을 했습니다.

어려운 여건 속에서 학업을 마치고도 계속해서 진학하려는 열망의 이면에는 내심 학위를 통한 계층사다리를 갈망했던 것은 아니었을까 반성하게 되었던 시기가 있었습니다. 그러나 이제는 교육이 계층사다리를 위한 수단으로 여겨지는 시대를 지나 수저계급론이란 표현이 자조적으로 드러내듯 그마저도 사라져 버린 시대가 아닌가 싶습니다. 교육이 계층사다리라는 수단으로조차 기능하지 못하는 시대에 학교교육은 어떤 의미를 지니는가에 대해 고심하던 차에 이 책이 새로운 화두를 제시해 주었고, 개인적으로는 교육자로서 반성의 계기가 되기도 했습니다.

박사학위를 수료하고 한국에 돌아왔을 때, 은사님이신 이윤미 교수님께서 마침 교육연구네트워크의 교육연구 및 번역 출판 사업을 소개해 주시면서 번역 계획을 구체화할 수 있었습니다. 번역안을 심의해 주시고 오랜 시간 너그럽게 지지해 주신 심성보 교육연구네트워크 이사장님과 강명숙 소장님, 번역을 구체화할 수 있게 조언해 주시고 마지막 번역 감수까지 꼼꼼히 살펴봐 주신 이윤미 교수님, 그리고 지난한 번역 과정에 함께해 주신 정광일 대표님께 이 자리를 빌려 깊이 감사드립니다.

번역에 참고한 책은 영문판In Defence of the School: A Public Issue by Masschelein, Jan and Simons, Maarten; J. McMartin, trans. Leuven, Education, Culture and Society Publishers, 2013으로 전자도서로 무상 다운로드가 가능합니다. 이 책은 출판 이래 유럽의 많은 국가와 남미에

서 다수의 언어로 번역되었습니다. 저자들은 저작권료를 사양하시며, 다만 한국의 독자에게 좀 더 널리 보급되는 데 도움이 되길 바란다고 표하셨습니다. 저자의 깊은 의중에 다시 한 번 존경과 감사를 드립니다. 역자로서 '모든 번역은 오역이다'라는 격언을 실감하는 시간을 보냈습니다. 한편으로는 '번역은 새로운 시작이다'라는 철학적 표현도 함께 절감했습니다. 나름으로는 변론의 형식을 전하기 위해 구어적인 표현을 고심하기도 했습니다만 이 과정에서 정확성과 가독성이 부족한 것은 아닌지 반성하게 됩니다. 부족한 번역이지만 개혁과 전통의 갈림길 너머 우리 교육이 한 단계 더 성숙하게 되는 계기가 되는 데 조금이나마 도움이 되길 바라는 마음입니다.

박사 수료 후 강사로 재직했던 홍익대, 이화여대, 고려대, 경희대의 도서관 등지를 전전하며 번역에 착수했고, 우연찮게 들르게 된 미국 위스콘신-매디슨 대학의 도서관에서 윤문을 하며 번역을 마무리 지었습니다. 학교라는 공간이 부여하는 유예를 번역과 윤문 과정에서 절감한 시간이었다고 회고합니다. 아무도 허락하지 않았지만 허용되었던 그 시간과 장소를 제공해 준 각 학교에 감사드립니다.

2020년 여름 송도에서

윤선인

인용되고 다루어진 작품(Works cited and consulted)

Agamben, G. (2007). *Profanations.* (J. Fort, trans.). New York: Zone Books.

Arendt, H. (1961). The Crisis in Education, in H. Arendt, *Between Past and Future: Eight Exercises in Political Thought* (pp. 170-193). New York: Penguin.

Cornelissen, G. (2010). The public role of teaching: To keep the door closed. In: Simons, M. & J. Masschelein (Eds). *Rancière, Public Education and the Taming of Democracy* (pp. 15-30). Oxford: Wiley-Blackwell.

Duras, M. (1990). *Zomerrengen*. Amsterdam: Van Gennep.

Enter, S. (2007). *Spel.* Amsterdam: G. A. van Oorschot.

Foucault, M. (2001). *L'herméneutique du sujet.* Paris: Gallimard.

Furedi, F. (2009). *Wasted. Why education isn't educating.* London: Continuum.

Geerinck, I. (2011). *The Teacher as a Public Figure. Three Portraits.* Doctoral dissertation, KU Leuven.

Handke, P. (2002). *Der Bildverlust oder Durch die Sierra de Gredos.* Frankfurt am Main: Suhrkamp.

Lyotard, J.-F. (1984). *The postmodern condition: A report on knowledge.* (G. Bennington & F. Jameson, trans.). Manchester: Manchester
University Press.

Mercier, P. (2007). *Night Train to Lisbon..* (B. Harshav, trans.). London: Atlantic Books.

Pennac, D. (2010). *School Blues.* (S. Ardizzone, trans.). London: MacLehose Press.

Poulakos, T. (1997). *Speaking for the Polis. Isocrates' Rhetorical Education.* Columbia: University of South Carolina Press.

Rancière, J. (1991). *The Ignorant Schoolmaster: Five lessons in intellectual emancipation.* (K. Ross, trans. and introduction). Stanford, CA: Stanford University Press.

Rancière, J. (2007). *Hatred of Democracy.* (S. Corcoran, trans.). London and New York: Verso.

Rheinberger, H. J. (2007). Man weiss nicht genau, was man nichtweiss. Über die Kunst, das Unbekannte zu erforschen. *Neue Zürcher Zeitung*, 5 Mai 2007.

Serres, M. (1997). *The troubadour of knowledge.* (S. F. Glaser & W. Paulson, trans.). Ann Arbor: The University of Michigan Press.

Sloterdijk, P. (2013). *You must change your life.* (W. Hoban, trans.). Cambridge: Polity Press.

Stengers, I. (2005). The Cosmopolitical Proposal. In: Latour, B. & P. Weibel (Eds) (2005) *Making Things Public. Atmospheres of Democracy* (pp. 994-1003). London/Cambridge/Karlsruhe: MIT Press/ZKM.

Stiegler, B. (2010). *Taking Care of Youth and the Generations.* (S. Barker, trans.). Stanford: Stanford University Press.

Vlieghe, J. (2010). *Democracy of the flesh. A research into the public meaning of education from the standpoint of human embodiment.* Doctoral dissertation, KU Leuven.

삶의 행복을 꿈꾸는 교육은 어디에서 오는가?

교육혁명을 앞당기는 배움책 이야기 혁신교육의 철학과 잉걸진 미래를 만나다!

한국교육연구네트워크 총서

01 핀란드 교육혁명
한국교육연구네트워크 엮음 | 320쪽 | 값 15,000원

02 일제고사를 넘어서
한국교육연구네트워크 엮음 | 284쪽 | 값 13,000원

03 새로운 사회를 여는 교육혁명
한국교육연구네트워크 엮음 | 380쪽 | 값 17,000원

04 교장제도 혁명
한국교육연구네트워크 엮음 | 268쪽 | 값 14,000원

05 새로운 사회를 여는 교육자치 혁명
한국교육연구네트워크 엮음 | 312쪽 | 값 15,000원

06 혁신학교에 대한 교육학적 성찰
한국교육연구네트워크 엮음| 308쪽 | 값 15,000원

07 진보주의 교육의 세계적 동향
한국교육연구네트워크 엮음 | 324쪽 | 값 17,000원
2018 세종도서 학술부문

08 더 나은 세상을 위한 학교혁명
한국교육연구네트워크 엮음 | 404쪽 | 값 21,000원
2018 세종도서 교양부문

09 비판적 실천을 위한 교육학
이윤미 외 지음 | 448쪽 | 값 23,000원
2019 세종도서 학술부문

10 마을교육공동체운동:
세계적 동향과 전망
심성보 외 지음 | 376쪽 | 값 18,000원

11 학교 민주시민교육의
세계적 동향과 과제
심성보 외 지음 | 308쪽 | 값 16,000원

12 학교를 민주주의의 정원으로
가꿀 수 있을까?
성열관 외 지음 | 272쪽 | 값 16,000원

한국교육연구네트워크 번역 총서

01 프레이리와 교육
존 엘리아스 지음 | 한국교육연구네트워크 옮김
276쪽 | 값 14,000원

02 교육은 사회를 바꿀 수 있을까?
마이클 애플 지음 | 강희룡·김선우·박원순·이형빈 옮김
356쪽 | 값 16,000원

03 비판적 페다고지는
세상을 변화시킬 수 있는가?
Seewha Cho 지음 | 심성보 외 옮김 | 280쪽 | 값 14,000원

04 마이클 애플의 민주학교
마이클 애플·제임스 빈 엮음 | 강희룡 옮김
276쪽 | 값 14,000원

05 21세기 교육과 민주주의
넬 나딩스 지음 | 심성보 옮김 | 392쪽 | 값 18,000원

06 세계교육개혁:
민영화 우선인가 공적 투자 강화인가?
린다 달링-해먼드 외 지음 | 심성보 외 옮김 | 408쪽 | 값 21,000원

07 콩도르세, 공교육에 관한 다섯 논문
니콜라 드 콩도르세 지음 | 이수환 옮김
300쪽 | 값 16,000원

08 학교를 변론하다
얀 마스켈라인·마틴 시몬스 지음 | 윤선인 옮김
252쪽 | 값 15,000원

09 존 듀이와 교육
짐 개리슨 외 지음 | 김세희 외 옮김
372쪽 | 값 19,000원

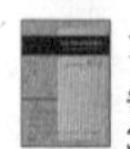
10 진보주의 교육운동사
윌리엄 헤이스 지음 | 심성보 외 옮김
324쪽 | 값 18,000원

11 사랑의 교육학
안토니아 다더 지음 | 유성상 외 옮김
412쪽 | 값 22,000원

아이들을 어떻게 가르칠 것인가
사토 마나부 지음 | 박찬영 옮김 | 232쪽 | 값 13,000원

코로나 시대,
마을교육공동체운동과 생태적 교육학
심성보 지음 | 280쪽 | 값 17,000원

혐오, 교실에 들어오다
이혜정 외 지음 | 232쪽 | 값 15,000원

수업, 슬로리딩과 함께
박경숙 외 지음 | 268쪽 | 값 15,000원

물질과의 새로운 만남
베로니카 파치니-케처바우 외 지음 | 240쪽 | 값 15,000원

그림책으로 만나는 인권교육
강진미 외 지음 | 272쪽 | 값 18,000원

수업 고수들
수업·교육과정·평가를 말하다
박현숙 외 지음 | 368쪽 | 값 17,000원

아이들의 배움은 어떻게 깊어지는가
이시이 쥰지 지음 | 방지현·이창희 옮김
200쪽 | 값 11,000원

미래, 공생교육
김환희 지음 | 244쪽 | 값 15,000원

들뢰즈와 가타리를 통해 유아교육 읽기
리세롯 마리엣 올슨 지음 | 이연선 외 옮김
328쪽 | 값 17,000원

혁신고등학교, 무엇이 다른가?
김현자 외 지음 | 344쪽 | 값 18,000원

시민이 만드는 교육 대전환
심성보·김태정 지음 | 248쪽 | 값 15,000원

평화교육
과거, 현재 그리고 미래를 그리다
모니샤 바자즈 외 지음 | 권순정 외 옮김
268쪽 | 값 18,000원

서울대 10개 만들기
김종영 지음 | 348쪽 | 값 18,000원

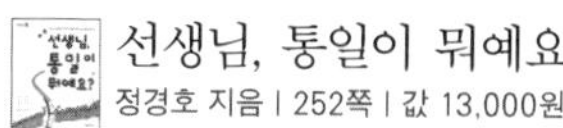
선생님, 통일이 뭐예요?
정경호 지음 | 252쪽 | 값 13,000원

함께 배움
학생 주도 배움 중심 수업 이렇게 한다
니시카와 준 지음 | 백경석 옮김 | 280쪽 | 값 15,000원

다정한 교실에서 20,000시간
강정희 지음 | 296쪽 | 값 16,000원

즐거운 세계사 수업
김은석 지음 | 328쪽 | 값 13,000원

밥상혁명
강양구·강이현 지음 | 298쪽 | 값 13,800원

학교를 개선하는 교장
지속가능한 학교 혁신을 위한 실천 전략
마이클 풀란 지음 | 서동연·정효준 옮김 | 216쪽 | 값 13,000원

선생님, 민주시민교육이 뭐예요?
염경미 지음 | 244쪽 | 값 15,000원

교육혁신의 시대
배움의 공간을 상상하다
함영기 외 지음 | 264쪽 | 값 17,000원

도덕 수업, 책으로 묻고 윤리로 답하다
울산도덕교사모임 지음 | 320쪽 | 값 15,000원

교육과 민주주의
필라르 오카디즈 외 지음 | 유성상 옮김
420쪽 | 값 25,000원

교육회복과 적극적 시민교육
강순원 지음 | 228쪽 | 값 15,000원

비판적 미디어 리터러시 가이드
더글러스 켈너·제프 셰어 지음 | 여은호·원숙경 옮김
252쪽 | 값 18,000원

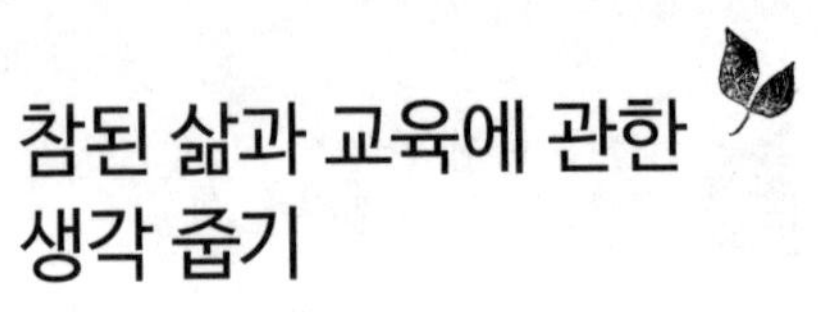

참된 삶과 교육에 관한 생각 줍기